Schirner
Verlag

Das Buch

Das Bild des Drachen ist fast überall auf der Erde, in nahezu allen Kulturkreisen ein Begriff. Gilt der Drache in Asien als „gute Gottheit", die außerordentliches Glück verheißt, so wurde er im christlichen Europa zum Schrecken und Teufelsbild. Der nordamerikanische Indianerstamm der Hopi spricht in seinen Mythen von den „Fliegenden Schlangen", ebenso die Navajo. Die Druiden, die Priester der Kelten, verehrten die Drachen als Hüterkraft, und die Erde selbst war für sie ein Drachenleib.

Doch heute scheinen diese einst mächtigen Wesen ausgestorben und nur noch in den Mythen der Völker weiterzuleben. Diese Geschichten, von denen Sie hier eine große Zahl versammelt finden, erzählen viel über das Weltbild der jeweiligen Zeit, aus der sie stammen, und der Menschen, die sie einst erzählten. Lebendig werden die Legenden und Sagen durch sechzig liebevoll gezeichnete farbige Illustrationen, die die Faszination widerspiegeln, von der jede Begegnung mit Drachen geprägt war – und ist …

Die Autoren

Iris Rinkenbach und Bran O. Hodapp, die bereits mehrere Bücher veröffentlicht haben, sind beide als Heiler, Magier, Druiden und spirituelle Lehrer tätig.

Iris Rinkenbach & Bran O. Hodapp

Das grosse Buch der DRACHEN

Mit Illustrationen von
Gisela Helena Hodapp

Schirner
Verlag

ISBN 3-89767-112-3

Umschlag: Murat Karaçay
Illustrationen: Gisela Helena Hodapp
Satz & Redaktion: Kirsten Glück
Druck & Bindung: Legoprint S.p.A, Lavi (Italia)

Inhaltsverzeichnis

8

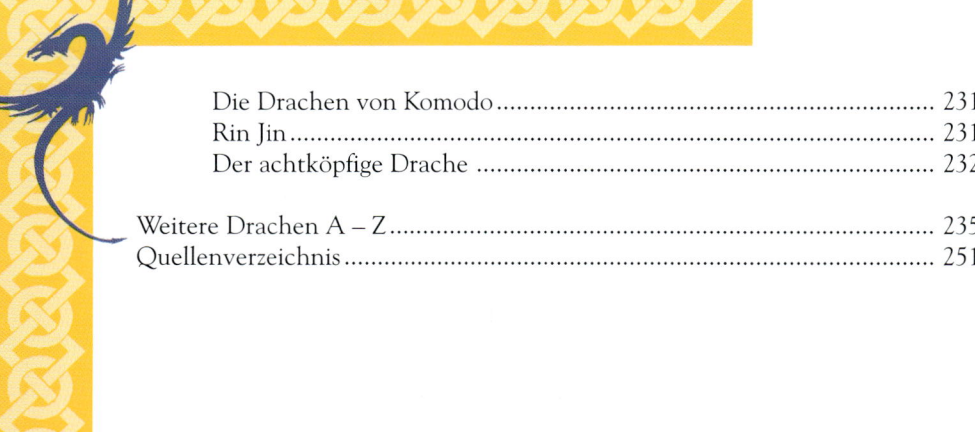

Widmung

Wir widmen dieses Buch allen Geschöpfen unter Gottes Himmel.
Möge unser Verständnis wachsen.

Danksagung

Wir danken allen, die uns beim Schreiben unterstützten und uns
nicht zuletzt mit Quellenmaterial „versorgten". Besonderen Dank gilt
unserer Mutter, die alle Illustrationen dieses Buches zeichnete. Dank
auch der Familie Schirner und unserer Lektorin Kirsten Glück für ihre
Geduld.

Einleitung
Drachen – nur Fabelwesen?

Drachen existieren zum einen sicherlich in einer höheren Dimension. Zum anderen wurden mit dem Bild des Drachen in alten Zeiten aber auch stets mächtige und einst unerklärliche, unfaßbare Naturgewalten dargestellt, z.B. Vulkanausbrüche, Springfluten, Epidemien und Feuersbrünste. Auch regelmäßige Plagen wie jedes Jahr im Frühling über die Ufer steigende Flüsse fanden sich im Mythos eines Drachen widergespiegelt. Und in den christlich beeinflußten Legenden ist es natürlich auch die menschliche Sexualität, die Anima, das Instinktwesen, das vom Drachen verkörpert wird, was auch die teilweise rührende Naivität erklärt, mit der sich Drachen durch Heilige zähmen und dann hinrichten ließen.

So weit wir in die Vergangenheit der Erd- und Menschheitsgeschichte zurückblicken können, überall sind unübersehbare Spuren von Drachen und ihren Legenden zu finden. Betrachten wir die großen Gebirgszüge des Erdballs, fällt auf, daß je nach Verlauf eines Bergmassivs, der Nord/Süd- oder Ost/West-Ausrichtung, eher geflügelte Drachen oder fliegende Schlangen beschrieben werden.

In den USA – der Schildkröteninsel, wie der Kontinent von den ältesten nordamerikanischen Ureinwohnern, den Hopi, genannt wird – stoßen wir auf The Big Serpent bzw. Flying Snake, die große Schlange, als ungeflügelte Drachenart. Ebenso ist der Drache in Asien, wo er als Gott des Glücks angesehen wird, ungeflügelt. Im Orient und Europa hingegen war der Drache meist geflügelt, im Norden und in Britannien ist von beiden Spezies die Rede. Im antiken Judentum und im Christentum ist der Drache einfach nur Sinnbild des Bösen, des Teufels. Die Druiden ehrten den Drachen wiederum als Hüter der Erde und als Symbol magischer Kraft.

Der Große Wasserdrache ruht in den Untiefen der Ozeane. Wenn er geweckt wird, so glauben die Hopi, werden sich die Weltmeere die Hände

11

reichen und eine neue Sintflut einleiten. Der Große Himmelsdrache verheißt Glück und gutes Gelingen, der Leib des Drachen ist die Erde, und die Drachenlinien sind die Kraftlinien, Meridiane unseres Planeten.

Auf all jenen Plätzen, an denen unsere vorväterlichen Priester, die Druiden, den Großen Drachen und die Kraftlinien der Erde verehrten, bauten die Christen später ihre Michaelskapellen und -kirchen. Dort, wo die Druiden der Großen Göttin als „schwarze Madonna" gedachten (z.B. in Chartres), entstanden später Heiligtümer, die der Mutter Maria geweiht wurden.

Auch heute noch ist jedem echten Schamanen der Drache und dessen Drachenkraft bekannt. Diejenigen unter den Schamanen, Priestern und Magiern der Naturvölker, die in der Lage sind, die Drachenkraft zu lenken, gelten als die mächtigsten. Es gibt heute aber nur noch sehr wenige, die im Besitz derartiger magischer Kraft sind und dafür die gefährlichsten Riten der Einweihung durchlaufen haben.

Als ich vor ein paar Jahren bei einer Hopi-Familie zu Gast war, die dem Sonnenklan angehört, wurde ich von einem der Indianerpriester eingeladen, der alljährlichen Schlangenzeremonie, dem Snakedance, beizuwohnen. Zum Ritual dieses Tanzes gehört, daß die Tänzer Schlangen im Mund tragen. Während sich mein Hopi-Freund in der Kiva, der unterirdischen „Kirche", auf das wichtige Ereignis vorbereitete, wurde ich von den Dorfbewohnern gebeten, das Dorf während des Tanzes zu verlassen, denn seit langem durfte kein Weißer den Zeremonien beiwohnen. So entschied ich mich, das Dorf tatsächlich zu verlassen und den Tanz auf meine Weise zu beobachten. Als Schamane übte ich, in der Gestalt eines Drachen „astral" zu reisen. Dieses Reisen ist magisch, es ist eine Methode, die jeder Schamane gut beherrscht. So schwebte ich als „keltischer Drache" über dem Dorfplatz meiner indianischen Freunde, um die Feierlichkeiten zu beobachten. Als ich dorthin kam, konnte ich vier weitere Drachen sehen, die ebenfalls um die Plaza kreisten. So waren wir nun fünf! Plötzlich sandte einer der anderen Drachen einen Feuerstoß zu einem der Tänzer. Ich wußte sofort, daß im „wirklichen Leben" etwas mit diesem Tänzer geschehen war. Als ich am nächsten Tag ins Dorf (Second

Mesa, Arizona) ging, redete ich mit meinem Freund, dem Priester. Er berichtete mir, daß einer der Tänzer von seiner Schlange mehrere Male ins Gesicht gebissen worden war. Zu seinem Glück war seine nicht giftig gewesen – der Tanz wird aber auch mit Klapperschlangen ausgeführt! Verblüffend war, daß gerade dieser gebissene Hopi-Indianer zuvor dem Dorf die größten Schwierigkeiten bereitet hatte! Noch interessanter für mich war jedoch, daß mein Freund, wie er mir erzählte, während der Zeremonie fünf (!) fliegende Schlangen beobachtet hatte. So hatte er mich selbst gesehen (aber ohne mich zu erkennen) und die vier anderen. Ich hatte die Drachen und mich selbst als geflügelte Wesen gesehen. Für meinen Freund, den Hopi-Indianer, waren es jedoch fliegende Schlangen gewesen. Demnach interpretierten mein Unterbewußtsein und mein Verstand das Gesehene meiner kulturellen Prägung entsprechend anders als die meines Freundes.

Drachen leben! Sie sind wirklich existierende transzendentale Wesen, die allerdings außerhalb des Vorstellungsbereiches der meisten Menschen leben.

Drachen und Menschen

Über die Zeitalter hinweg zeigte sich immer wieder, daß die Menschen nicht in der Lage waren, mit den Drachen zusammenzuleben. Obwohl die Drachen eigentlich freundlich und friedvoll waren, wurden sie von den Menschen stets verfolgt und getötet. Die Symbole alter Religionen, die Drachen oft verehrten, wurden spätestens im Christentum verteufelt und verdammt.

Die letzten lebenden Drachen sahen sich gezwungen, sich zu verbergen. Die Anführer der Drachen verstanden die selbstzerstörerische Natur der Menschen nie. Um ihre Art vor der Zerstörungswut der Menschen zu schützen, waren sie gezwungen, sich in die für den Menschen unsichtbaren Welten, die geistigen Sphären und das Astralreich, zurückzuziehen.

Die Existenz der Drachen fiel danach, insbesondere in Europa, in den Bereich der Sagen und Mythen *(Abb.: Drache am Münchener Rathaus)*. Der Glaube an Drachen ging damit verloren. Nur die wenigen in die Mysterien der Hohen Magie eingeweihten Menschen sind in der Lage, sich mit dem Bewußtsein der Drachen zu verbinden oder gar Drachenkräfte hervorzurufen.

Doch selbst die Schamanen und indianischen Priester, die heute noch an Drachen glauben, würden ihre Kräfte nur selten entfesseln – müßten doch dem erweckten Drachen gewaltige Naturkatastrophen und Überschwemmungen folgen. Der Grund hierfür liegt darin, daß die Drachen die Naturgewalten hüten. So versteht der Schamane unter dem „Wecken"

14

des großen Meeres- oder Seedrachen das Heraufbeschwören von gewaltigen Meeresfluten. Genau hiervon berichtet die Hopi-Prophezeiung (siehe
Anhang).

Sicherlich entstand die Verteufelung des Drachen gerade aus der
Verbindung des Drachen mit den für den Menschen unkontrollierbaren
Naturgewalten. Was der Mensch nicht zu beherrschen imstande war,
wurde als böse und teuflisch verurteilt.

Drachen in der Etymologie*

Bezeichnungen für den Drachen gibt es viele: Die Nordvölker nannten ihn *dreki*, im alten England hieß er *dreke*, später *drake*, und die Fran-
zosen nannten ihn *dragon*. All jene Bezeichnungen stammten von dem
lateinischen „draco" bzw. dem griechischen „drakon" ab. Die ursprüngliche Bedeutung der Wortwurzel war etwa „der fürchterlich Blickende".

Doch erst mit den Römern kam der Begriff des Drachen zu den Germanen. Zuvor verwendeten letztere für alle Arten von Reptilien den
Sammelbegriff *Wurm*, der dann zum *Lindwurm* wurde. Das Wort *lind*
oder *lint* bedeutete ebenfalls Wurm, so daß der Begriff Lindwurm oder
auch *linttracke* eine Verdopplung darstellt. In den Sagen der Alpenlän-
der wird der Drache *Tatzelwurm*, *Stollenwurm* oder *Haselwurm* (nach
dem Hasel, dem Zauberstrauch) genannt.

Auch die meisten keltischen Drachen wurden als Wurm bezeichnet,
wobei aus dem altnordischen *ormr* das altenglische *wyrm* und schließlich das englische *worm* wurde. Bei den Druiden, den keltischen Priestern, hatte der Drache noch zwei geheime Namen, *Fraoch* und
Fermitrax. Bei magischen Ritualen riefen sie ihn mit seinen drei Namen
an, nämlich: „Draco, Fraoch, Fermitrax!"

---

*Wissenschaft von der Erforschung der Entstehungsgeschichte der Sprachen und Wörter

Einleitung

Drachen in der Antike

Die Geschichten und Mythen der alten Antike sind durchwoben von Menschen und Göttern im Kampf mit Drachen. Zu den ältesten Überlieferungen zählt der akkadische Mythos vom Kampf zwischen dem Gott Marduk und dem Drachen Tiamat, der als Meeresungeheuer in Erscheinung tritt. So spielt der Drache bei den Sumerern, Babyloniern und Persern eine immer wiederkehrende Rolle im Kampf zwischen Gut und Böse: Der persische Held Thraetaona besiegte den Drachen Azi Dahaka, der als dreiköpfiges Ungeheuer dargestellt wird. Die Hethiter kannten den Kampf ihres Luftgottes gegen den Drachen Illuyankas. Der ägyptische Sonnengott Ra rang mit dem Schlangendrachen Apophis, wodurch der stete Wechsel zwischen Tag und Nacht symbolisiert wurde. Und schließlich trat Horus gegen Seth an, als Symbol des uralten Kampfes zwischen Licht und Schatten, Gut und Böse.

Auch das Griechenland der Antike kannte zahlreiche Heldensagen über den Kampf gegen Drachen: Zeus kämpfte gegen Typhon, Kronos besiegte Ophioneus, Herakles (Herkules) tötete die Hydra, Belerophon besiegte die Chimaira. Der Held Jason besiegte genauso wie schließlich Perseus ein Ungeheuer in der Gestalt eines Drachen. Auch Gott Apollon hatte gegen das Böse zu kämpfen; in Delphi tötete er den Drachen Python.

Die indischen Veden erzählen ebenfalls vom Kampf gegen Drachen. Dort tötet der Kampfgott Indra mit seinen magischen Waffen den Schlangendrachen Vritra.

Bei den Germanen und Nordvölkern ist Gott Thor im Kampf gegen die Midgardschlange erwähnt, und Sigurd tötet den Drachen Fafnir. Die Wikinger schmückten den Bug ihrer Schiffe mit geschnitzten Drachenköpfen, weshalb sie als Drachenschiffe bekannt wurden. Die angelsächsischen Eroberer der britischen Inseln trugen den Drachen in ihren Wappen, er galt ihnen als Symbol der Eigenständigkeit.

Einleitung

Drachen in Ostasien

Im Unterschied zu den westlichen Legenden, die den Drachen fast immer als Sinnbild des Bösen darstellen, gilt der Drache in Ostasien als *das* Glückssymbol und *der* Glücksgott schlechthin. Zusätzlich wird der Drache in China als Herrscher der Meere und mächtiger Bringer des für die Landwirtschaft und Fruchtbarkeit so wichtigen Regens betrachtet. In der chinesischen Sung-Dynastie (960–1279) steht der Drache auch als Hoheitszeichen kaiserlicher Würde und Herrschaft. Im Jahre 1110 wurden die Drachen im Auftrag der kaiserlichen Familie geadelt und erhielten entsprechende Fürstentitel. Pekings Stadtgrenzen wurden seit jener Zeit von vier Drachen beschützt – in jeder Himmelsrichtung von dem Drachen, der dem Element entsprach, daß der jeweiligen Richtung zugordnet war.

Drachen und ihre Gestalt

Über die Jahrhunderte hinweg konnten sich mehrere unterschiedliche Vorstellungen zu dem Erscheinungsbild von Drachen vermischen. Das spätere Bild des klassischen Drachen entstand hauptsächlich durch Vermischungen aus dem keltischen bzw. germanischen Schlangenwurm und dem Mischwesen aus Krokodil und Raubvogel aus der Region des Mittelmeers und Kleinasiens.

Der Adel und die reichen Handelsfamilien, also die damalige Oberschicht, übernahmen das neu entstandene Mischwesen des fliegenden Drachen in ihre bildlichen Darstellungen. Das einfache Volk blieb jedoch bei den alten Vorstellungen der Drachenwürmer. Später, in den mittelalterlichen Geschichten, den Heldensagen und der Folklore, näherten sich die unterschiedlichen Vorstellungen allmählich einander an.

17

Einleitung

Die Verknüpfung verschiedener, auf der materiellen Ebene existierender Tiere zu einem Wesen, dem Drachen, scheint nicht zufällig zu sein, sind doch Merkmale der vier Elemente, Feuer, Luft, Wasser und Erde, in ihm vereint: Der Drache kann sich im Feuer bewegen oder Feuer spucken, er beherrscht fliegend das Element Luft, kriechend bewältigt er die Erde und schwimmend die Gewässer.

Die Hauptmerkmale des Reptils bleiben dem Drachen über die Jahrhunderte erhalten: Seine Rumpfunterseite ist weich und verletzlich, der übrige Körper durch Schuppen gut geschützt. Mit der gewaltigen Kraft seines Schwanzes erdrückt er seine Feinde oder verursacht als See- oder Meeresdrache Hochwasser und Fluten. Oft hat der Drache feurige Augen, einen glühenden oder manchmal auch giftigen Atem. Nicht selten wird er als vielköpfiges Untier beschrieben.

Der biblische Drache Leviathan (Buch Hiob) wird feuerspeiend dargestellt und ist der Urtyp des Teufels der christliche Kirche. In Geheimbünden, magisch orientierten Freimaurerlogen, darunter der „Freimaurische Orden vom Goldenen Centurium" (F.O.G.C.), der 1840 in Deutschland gegründet wurde, gilt der Drache Leviathan als dämonischer Oberfürst des Wasserelements, und Satan ist der Oberfürst des Erdelements. Die fürstlichen Dämonen sind dort die Gegenspieler der Erzengel.

Einleitung

Kleine Drachenkunde

- **Basilisk:** Der Basilisk hat eine kronenähnliche Ausstülpung auf dem Kopf und eine schlangenartige Gestalt. Hat er Beine, einen Schnabel und einen Kehllappen, handelt es sich um einen *Cockatrice*.
- **Feuerdrache:** ein feuerspeiender Drache
- **Fliegender Drache:** Er hält sich überwiegend in der Luft auf und kämpft im Flug.
- **Halbdrache:** Bei ihm handelt es sich meist um einen verzauberten oder verwunschenen Menschen oder um einen Drachen mit Körperteilen von anderen Tieren.
- **Klassischer Drache:** wie man sich in der Regel einen Drachen vorstellt – großer kräftiger schuppenbesetzter Leib, vier kräftige Beine und häufig, aber nicht immer, gewaltige Flügel
- **Korndrache:** Wo er auftaucht, gehen Häuser in Flammen auf.
- **Lindwurm:** Dies ist ein zweibeiniger Drache, der hauptsächlich in der deutschen Sage vorkommt. In Britannien wird er *Wyrm* genannt.
- **Schlangendrache:** ein meist flügelloser Drache mit Schlangenleib
- **Tatzelwurm:** ein schlangenartiges Tier mit Katzenkopf, meist nicht sehr groß (1 bis 1,5 m)
- **Wasserdrache:** Er lebt in Gewässern aller Art.
- **Wasserschlangendrache:** Ein Wasserdrache, der einen Schlangenleib hat wie der Schlangendrache.
- **Wetterdrache:** Wenn er erscheint, droht ein mächtiges Unwetter.

19

Drachen und Wasser

Viele Geschichten und Mythen bringen den Drachen in Beziehung zu bestimmten Gewässern, wie z.B. Flüssen, Seen, Brunnen oder Quellen. Oft tritt der Drache dabei als Wächter eines Gewässers auf, das die meist einzige Wasserversorgung einer Ortschaft und somit der Lebensnerv ihrer Bewohner ist. Nur gegen große Opfergaben – meist Menschenopfer – läßt dieser Drache die Bevölkerung Trinkwasser aus dem von ihm bewachten Gut schöpfen. Wird der Drache besiegt oder gar getötet, beginnt das zuvor zurückgehaltene Wasser sofort zu fließen, wodurch die zuvor leidenden Menschen Erlösung finden.

Die Vorstellung von Wasser als Lebensgrundlage schlechthin stammt übrigens hauptsächlich aus dem Orient. Wer diese Lebensgrundlage in irgendeiner Weise behindert, gilt demzufolge als böse und teuflisch.

Drachen und Menschenopfer

Weit verbreitet sind Geschichten, in denen Drachen in bestimmten zeitlichen Abständen ein Menschenopfer verlangen. Im Gegenzug verschont der so befriedigte Drache die übrige Menschengemeinschaft. Meist sind die Opfer einmal jährlich, manchmal aber sogar täglich zu erbringen.

Das vom Drachen geforderte Opfer ist in den meisten Fällen eine Jungfrau, die aus der bedrohten Menschengemeinschaft stammen muß. Solche in den Mythen und Sagen beschriebenen Menschenopfer begründen sich oft auf tatsächliche religiöse Opferhandlungen und Opferplätze. Gerade im Orient der Antike gibt es zahlreiche Beispiele für religiöse Menschenopfer. Dort wurden nicht selten den angebeteten Wassergottheiten Jungfrauen geopfert – die dann tatsächlich Beute der Krokodile wurden.

20

Häufig war ein Liebesbund an die Errettung der Jungfrau geknüpft, wodurch die Drachentötung eine der verbreitetsten Mutproben für Freier wurde.

Drachen und Schätze

Der Schatzdrache ist kein jungfrauenfressendes Ungeheuer. Bei ihm sind eher Parallelen zu Mythen alter Völker zu finden, in denen reiche Geizkragen nach ihrem Tode in Drachengestalt ihre Schätze und Reichtümer weiter bewachen. Oft hatten diese Menschen während ihrer Lebenszeit die Schätze auf unrechtmäßige und betrügerische Weise erworben und sind nun nach ihrem Tod dazu verdammt, das Gold und das Geschmeide unter der Erde bis in alle Ewigkeit zu hüten.

Drachen in der Bibel

In der Bibel wird der Drache auch mit der Schlange in Verbindung gebracht oder gar mit ihr gleichgesetzt. Im Alten wie auch im Neuen Testament sind sie immer Symbol und Sinnbild des Bösen. Die christlichen Glaubensvorstellungen bezüglich der Drachen gehen zunächst auf das Buch Hiob zurück, das von dem Drachen Leviathan berichtet. Später wird das Bild des Drachen nochmals deutlicher durch die Apokalypse des Johannes, in der der Drache zum Teufel selbst wird. Er hat sieben Köpfe, zehn Hörner, auf den Köpfen trägt er sieben Diademe, sein Element ist das Wasser.

Viele christliche Heilige kämpften mit Gotteskraft und geweihten Schwertern, Lanzen oder Kruzifixen erfolgreich gegen den das Böse ver-

körpernden Drache. Der berühmteste christliche Drachenkämpfer ist der heilige Georg. Doch eigentlich bedeutet der Kampf mit dem Drachen und seine Vernichtung den Sieg über die alte Religion und das Heidentum. Später dann wurde der Drache zum Symbol der Ketzerei.

Alchimistische Handschrift

Einleitung

Drachen in der Alchimie

In der Alchimie ist der Drache Symbol des Quecksilbers. Er stellt den Ur- und Grundstoff aller Metalle dar, die *materia prima*, weil er (der Drache) sich in allen Elementen bewegen kann. Das Bild eines mit dem Drachen kämpfenden Ritters symbolisiert hier einen Alchimisten, der gerade versucht, das Grundmetall zu verwandeln. Weiterhin gilt er auch als Symbol des Kreislaufs der Stoffe, der Ewigkeit – in entsprechenden Abbildungen verschlingt er seinen eigenen Schwanz. Diese Bilder entstanden hauptsächlich in der und durch die Rosenkreuzerbewegung, die auch im Gleichnis der Verwandlung von Blei zu Gold die Veredelung der Seele und des Charakters zum Ausdruck bringen will.

Nach alten Überlieferungen verschlingt der Drache während der Zeit einer Sonnenfinsternis den Himmelskörper.

Der Kampf mit dem Drachen

Der Drache stellt im Symbolverständnis der Alchimie einen Urstoff dar, der alles in sich enthält und aus dem alles geformt werden kann. Insbesondere die groben Urzustände der vier Elemente Feuer, Wasser, Luft und Erde erfaßten die alten Weisen der Alchimie durch die bildhafte Darstellung des Drachen.

Mit Alchimie ist nicht nur der antike bis mittelalterliche Vorläufer der Chemie gemeint. Die Eingeweihten des geheimgehaltenen, okkulten Wissens – einer von ihnen war übrigens Leonardo da Vinci – wußten, daß die wahre Bedeutung der Umwandlung von Unedlem zu Edlem nichts anderes ist als die Reinigung und Veredelung des menschlichen Charakters.

23

Jedes der vier Elemente bestimmt das Temperament eines Menschen und somit die Grundzüge seines Charakters. Das cholerische, jähzornige Temperament entspringt dem Feuerelement, das melancholische, traurige Temperament entspringt dem Wasserelement, das sanguinische, fröhliche dem Luftelement und das phlegmatische, träge dem Erdelement. Jedes Temperament – also Element – hat einen aktiven und einen passiven Zustand, wobei man den aktiven als gut und den passiven eher als schlecht einstufen würde.

Der innere Kampf – und genau das ist der Kampf mit dem Drachen – bedeutet in diesem Zusammenhang die Reinigung der Elementekräfte des eigenen Charakters, also das Ausgleichen seines Temperaments.

- Das cholerische Temperament, das dem Element Feuer entspricht, hat auf seiner aktiven, positiven Seite Aktivität, Begeisterung, Eifer, Entschlossenheit, Kühnheit, Mut, Schöpfungskraft, Strebsamkeit usw. Auf der passiven, also negative Seite stehen Gefräßigkeit, Eifersucht, Leidenschaft, Reizbarkeit, Streitsucht, Unmäßigkeit und Vernichtungstrieb.

- Die guten, veredelten Seiten des melancholischen Temperaments, das dem Element Wasser entspricht, sind Achtung, Barmherzigkeit, Bescheidenheit, Ergebenheit, Ernsthaftigkeit, Fügsamkeit, Inbrunst, Innigkeit, Fassungsvermögen, Meditation, Mitgefühl, Ruhe, Verinnerlichung, Vertiefung, Vertrauen, Verzeihung, Zartheit usw. Negativer Ausdruck dieses Temperaments sind Gleichgültigkeit, Niedergeschlagenheit, Schüchternheit, Teilnahmslosigkeit, Unnachgiebigkeit und Trägheit.

- Das sanguinische Temperament, das dem Element Luft entspricht, zeigt in seiner aktiven Form Durchdringung, Fleiß, Freude, Gewandtheit, Gutherzigkeit, Klarheit, Lachlust, Leichtigkeit, Optimismus, Regsamkeit, Unabhängigkeit, Wachsamkeit, Zutraulichkeit. Die negative Form ist gekennzeichnet durch leichtes Beleidigtsein, Geringschätzung, Klatschsucht, Mangel an Ausdauer, Schlauheit, Schwatzhaftigkeit, Unehrlichkeit, Veränderlichkeit auf.

- Das phlegmatische Temperament schließlich, das dem Element Erde

Einleitung

entspricht, läßt in seiner positiven Form Ausdauer, Achtung, Ansehen, Bedachtsamkeit, Entschlossenheit, Ernsthaftigkeit, Festigkeit, Gewissenhaftigkeit, Gründlichkeit, Konzentriertheit, Nüchternheit, Pünktlichkeit, Reserviertheit, Sachlichkeit, Unfehlbarkeit, Verantwortungsgefühl, Verläßlichkeit, Vorsicht, Widerstandsfähigkeit und Zielbewußtheit erkennen. Die passiven, negativen Seiten sind Fadheit, Fahrlässigkeit, Geringschätzung, Gleichgültigkeit, Gewissenlosigkeit, Menschenscheu, Saumseligkeit, Schwerfälligkeit, Trägheit, Unverläßlichkeit und Wortkargheit.

Die Intensität der jeweiligen Eigenschaft zeigt sich in einer Art von Ausstrahlung – Lichtstrahlung – und ist dem Hellsichtigen in der Aura, dem Energiefeld des Körpers, als Farbspektrum zu erkennen.

Der Kampf mit dem Drachen ist der Kampf gegen die schlechten Seiten des eigenen Charakters und dessen anschließende Veredelung. Dem geht natürlich die sogenannte Introspektion – Innenschau gefolgt von Selbsterkenntnis – voraus. Der Religionsvater des Islam, der Prophet Mohammed, nannte diese Auseinandersetzung mit sich selbst Djihad, also heiligen Krieg; damit ist demnach keinesfalls der Kampf gegen Religionsfeinde und Andersdenkende gemeint, wie der Begriff heute gemeinhin (fälschlich) verwendet wird. In der Kabbalah, einer jüdischen Geheimlehre, wird dieser Kampf mit dem Drachen, die Selbstveredelung, in den Pfaden des Lebensbaumes beschrieben. Jeder dieser Pfade – damit werden geistige Zustände beschrieben – ist in zwölf Teilabschnitte unterteilt.

Das griechische Heldenepos des Herakles (lat. Herkules) beschreibt jene Veredelung. Sie erfolgt in Form von zwölf Aufgaben, die dem Helden von König Eurystheus auferlegt wurden. Die Aufgaben waren:

- Das Töten des nemeischen Löwen (siehe S. 93)
- Das Töten der lernäischen Hydra (siehe S. 93)
- Das Fangen des erymanthischen Ebers, der lebend zu Eurysteus gebracht werden mußte.
- Das Suchen und Einfangen der kerynitischen Hirschkuh

- Das Töten und Vernichten der stymphalischen Vögel
- Die Reinigung der Ställe des Augeias
- Das Einfangen des lebenden kretischen Stieres
- Das Einfangen der Stuten des Diomedes, des Sohnes des Ares
- Das Beschaffen des Gürtels der Amazone Hippolyte
- Die Rinder des Geryones zu fangen und Erystheus zu bringen
- Die goldenen Äpfel der Hesperiden zu bringen (siehe S. 99)
- Die Reise in die Unterwelt zu meistern, um den dreiköpfigen Hund Kerberos (lat. Cerberus), den Hüter der Unterwelt, zu zähmen.

Die spirituelle Bedeutung des Kampfes mit der Hydra (Drache), stellt die Auseinandersetzung des Menschen mit seinen unkontrollierten Wünschen dar. Die vielen Köpfe der Hydra stehen für die so zahlreichen und unterschiedlichen Wünsche, denen der Mensch in seinem Alltagsleben „nachjagt". Der Sumpf, aus dem die Hydra auftaucht, symbolisiert das Unterbewußtsein des Menschen, in dessen unergründlichen Tiefen all jene geheimen Wünsche und Triebe entstehen und genährt werden. Der Held selbst stellt das sogenannte Seelen-Ego dar, das höhere Selbst, das die Prüfungen und Läuterungen auf dem Weg zur Erkenntnis und „Gottwerdung/Christuswerdung" (Verwirklichung des inneren göttlichen Prinzips) durchwandern muß. Das Feuer und die Fackeln, mit denen der Hydra im Mythos zugesetzt wird, stehen für den Geist und seine Vernunft, die den Wünschen, Gewohnheiten und Gefühlen ein Ende setzen. Die Figur des Iolaos ist der dem Menschen zur Seite stehende Schutzengel. Der Dolch zeigt die Willenskraft des Kämpfenden; und derjenige, der den Dolch bzw. das Schwert führt, also die ihm eigene Willenskraft und das ihm zur Verfügung stehende Vernunftdenken beherrscht, schlägt seinen Begierden den Kopf ab und macht sie so unschädlich.

Das Abschlagen der Köpfe führte dem Mythos nach dazu, daß der Hydra neue wuchsen. Dem konnte nur Einhalt geboten werden, indem die Wunden mittels Feuer ausgebrannt wurden. Damit wird angedeutet, daß das Aufgeben eines Wunsches zwangsläufig zum Entstehen weiterer neuer Wünsche führt, sofern nicht das Feuer der Vernunft des Geistes den Wunsch zur Auflösung führt.

So verbirgt jede der nachfolgenden Drachenlegenden, Mythen und Sagen einen „geheimen" Gedanken und Sinn, den es zu ergründen gilt. Vielleicht entdeckt der eine oder andere Leser diese Ebene der Heldensagen und Drachenkämpfe als kleine Herausforderung, sich einmal selbst zu prüfen und – gleich den Helden – an seinem Charakter zu feilen.

27

28

Drachen-
geschichten

Europa

Der Drachenstein

Der *lapis draconiensis aurulucentis* ist ein geheimnisvoller hell-leuchtender Stein. Jeder Drache hatte einen solchen in seinem Besitz und hütete ihn streng. Diese besonderen Steine erinnerten die Drachen an ihre einstige Heimat, einen fernen Planeten im Sternbild Draconis. Dort herrscht auch heute noch der Großvater aller Drachen, der auch von den Druiden der alten keltisch-germanischen Religion geachtet wurde und jedem echten Schamanen bekannt ist.

Als einige Drachen einst ihre magischen Fähigkeiten auf eine Weise einsetzten, daß das natürliche Gleichgewicht der Elemente und somit der Natur empfindlich gestört wurde, wurden sie vom Großvater aller Drachen auf die Erde verbannt. Dort sollten sie lernen, die Natur zu schützen und zu behüten, bevor sie wieder die Erlaubnis erhalten wür-den, in ihre Heimat, fernab unseres Sonnensystems, zurückzukehren.

Doch im Laufe der Jahrtausende wurden einige der auf der Erde le-benden Drachen abtrünnig. Sie verstießen gegen die Drachenregeln der Ehre und der Verehrung allen Lebens und schlossen sich den Für-sten der Finsternis an. Diese Abtrünnigen verbanden sich immer stär-ker mit dem Bösen und wurden so später in vielen Religionen, auch im Christentum, zum Symbol des Teufels schlechthin. Von diesen der Verdammung anheimgefallenen Drachen wurden viele Kriege ausge-löst. Die meisten Drachen jedoch blieben dem Guten treu, aber der Mensch konnte nicht mehr unterscheiden, welcher Drache nun gut oder böse war.

Als eines Tages ein Drache von einem anderen Drachen getötet wurde, gelang es einigen Gnomen, Geistern des Erdelements, die zu-rückgebliebenen Drachensteine zu stehlen (siehe Abb. vorige Seite). Sie trugen die heiligen Steine davon und hüten sie bis heute. Keinem Drachen gelang es, diese Steine zurückzugewinnen. Den Erzählungen

31

Europa

nach ist dieser Raub verantwortlich dafür, daß die Drachen auf der Erde ihre Macht scheinbar verloren.

Insbesondere im Mittelalter wurden die verschiedensten Fossilien mit Drachen in Verbindung gebracht. So wurden des öfteren die Knochen von Höhlenbären für Drachenknochen gehalten. Wahrscheinlich erhielt so die eine oder andere Höhle ihren Namen, wie z.B. das Drachenloch bei Vättis in der Schweiz oder die Drachenhöhle bei Mixnitz in der Steiermark.

Als sogenannten Drachenstein legte man früher einen Ammonit in den Melkeimer, um das Vieh vor Verhexung und bösen Flüchen zu schützen. Man glaubte aber auch, daß der Stein die Kraft besäße, Eutererkrankungen vorzubeugen.

In seinem „Buch der Natur" aus dem Jahre 1350, beschreibt Konrad von Megenberg den Drachenstein wie folgt:

„Trachenstein, den nimpt mann auß eines trachenhirn, unnd zeucht mann in nit auß eins lebendigen trachenhirn, so ost er nit edel. Die künen mann schleichent über die tracken da sie liegen, und schlatzen i das hirn entzwey, und dieweil si zabeln so ziehen sie im das hirn herauss. Man spricht der stein sei gut wider die vergifftent thier und widersteh dem vergifft trefftiglich. Die stein seind druchsichtig."

Gemeint sind bei Konrad von Megenberg zumeist fossile Hirnkorallen, deren Oberfläche durch zahlreiche Windungen, einem Gehirn sehr ähnlich, auffällt.

Der Drache vom Drachenstein bewachte einen Goldschatz. Siegfried beschloß, den Drachen zu töten und den Schatz an sich zu nehmen. Er versteckte sich und schlug in einem sicheren Augenblick sein Schwert in die ungeschützte Seite des Drachen.

Diese Geschichte stimmt mit der Sigurd/Siegfried- und der Fafnir-Sage überein (siehe S. 69 und 71).

Europa

Der Bauer und der Drache

Zuordnung: Klassischer Drache

Einst zog ein großes Unwetter über das Land. Blitze schlugen vom Himmel auf die Erde herab. Kein vernünftiger Mensch hielt sich bei einem solchen Sturm im Freien auf. Doch es geschah, daß ein riesiger Drache von diesem Schauerwetter im Fluge überrascht wurde. Obwohl er zu den größten seiner Art gehörte, spielte der Sturm mit ihm, als wäre er ein kleiner Vogel. Mit aller Kraft kämpfte der Drache gegen Wind, Regen und Blitze an, bis er schließlich von seinen Kräften verlassen wurde und völlig erschöpft zu Boden fiel. Ohnmächtig schlug er auf der nassen und schlammigen Erde auf und blieb regungslos liegen.

Auch der arme Bauer Lukas, der sich auf dem Nachhauseweg befand, kämpfte gegen das Unwetter an. Bis zu seinem kleinen Haus, in dem er schon von seiner Ehefrau erwartet wurde, hatte er es nicht mehr weit. Mitten auf seinem Weg sah er plötzlich den Drachen liegen. Lukas fürchtete sich – noch nie zuvor hatte er einen Drachen zu Gesicht bekommen. Er wußte nicht, ob das Wesen, das weder Tier noch Mensch war, am Leben oder tot war.

Lukas bemerkte rasch, daß der Drache bewußtlos war. So großes Mitleid überkam den guten Menschen, daß seine Furcht schnell verging. Kurz entschlossen band Lukas den regungslosen Drachen an sein Pferd und schleppte ihn zu seiner nahe gelegenen Scheune. Ganz vorsichtig deckte Lukas den Drachen mit Lumpen und Säcken zu, die er in der Scheune fand. Dann eilte er zu seiner Frau und bat sie, so schnell wie möglich Essen in einen großen Eimer zu füllen.

Als die verwunderte Bäuerin erfuhr, was sich zugetragen hatte, wurde sie wütend und meinte zu Lukas, er täte besser daran, den Drachen zu töten und dessen Haut dem König zu bringen. Großer Lohn wäre ihnen dann gewiß. Doch das unchristliche Ansinnen der Bauersfrau mißfiel dem treuen Lukas. Nichts konnte seinen Entschluß ändern, dem Drachen zu helfen. Die Bäuerin rief Lukas noch nach, daß der Drache

sicher alle auffressen werde, käme er nur wieder zu Kräften. Doch auch hiervon ließ sich Lukas nicht beirren.

So pflegte er den Drachen viele Tage lang, bis dieser sich wieder vollkommen erholt hatte. Der Drache dankte dem Bauern, wußte er doch, daß jeder andere ihn in seiner hoffnungslosen Lage getötet hätte. Doch der Bauer Lukas wies jeden Dank zurück und meinte, daß es doch seine Pflicht gewesen sei, ihm in seiner Not zu helfen. Kein Ritter würde jemals einem in Not Geratenen die Hilfe verweigern.

Die Bäuerin hatte sich in der Scheune versteckt und alles mit angehört. Sie lachte ihren Mann aus. Wie konnte er sich mit Ritterwürden schmücken, wo er doch nur ein Bettler war, der nicht einmal seine Steuerschuld an den König bezahlen konnte. Er würde schon sehen, meinte sie, was die Steuereintreiber mit ihm machten, wenn er nicht bezahlte. Das Pferd und die Ernte würden sie ihm nehmen! Doch Lukas beharrte auf seiner Hilfsbereitschaft und meinte, es sei nicht nur eines Ritter Würde, edelmütig zu sein.

Der Drache hörte den Streit zwischen den beiden und erkannte die Armut der Bauern. Er versprach Lukas, ihn mit Gold zu belohnen. Das könne er leider nicht ablehnen, obwohl er das wollte, meinte Lukas traurig. Die Steuereintreiber würden sicher bald erscheinen, und er habe nichts, womit er seine Steuerschuld begleichen könne.

Der Drache lud Lukas ein, mit ihm zu seiner Höhle zu fliegen. Dort könne er sich an Schätzen aussuchen, was immer ihm gefiele. Die Bäuerin hatte immer noch Angst und war voller Mißtrauen gegenüber dem Drachen, deshalb flehte sie ihren Mann an, nicht mitzugehen. Doch mutigen Herzens und ohne Furcht stieg Lukas auf den Rücken des Drachen, und gemeinsam erhoben sie sich in die Lüfte.

Wie versprochen wurde Lukas vom Drachen unversehrt in dessen Höhle gebracht und reichlich bewirtet. Nach drei Tagen wurde es für Lukas jedoch Zeit, wieder heimzukehren. Der Drache packte einen großen Sack voll Gold und Edelsteine auf seinen Rücken, und mitsamt dem Schatz flog er Lukas zu dessen Haus zurück. Freundschaftlich verabschiedeten sie sich, und der Drache bot Lukas an, ihn jederzeit aufzu-

suchen, wann immer er seine Hilfe bräuchte. Die Bäuerin, die sich sicher gewesen war, daß sie ihren Mann nie wiedersehen würde, war glücklich über seine Heimkehr und daß er keinen Schaden davongetragen hatte. Von dem Schatz kauften sie sich bald darauf einen schönen Hof mit guten Tieren.

Doch die Frau wurde immer verschwenderischer. Sie versuchte bald, Lukas dazu zu überreden, den Drachen erneut aufzusuchen und ihn um mehr Gold zu bitten. Schließlich könnten sie dann große Felder kaufen und Arbeiter einstellen. Nach vielem Jammern und Betteln der Bäuerin, ließ sich Lukas schweren Herzens doch dazu drängen, den Drachen um das gewünscht Gold zu bitten. Dieser freute sich aber sehr darüber, daß er seinen guten Freund wiedersah und, gab im großzügig von seinem Schatz.

So wurde der Wunsch der Bäuerin erfüllt. Doch bald schon wuchs die Gier der Bauersfrau erneut. Sie wollte nun unbedingt ein Schloß und eine Grafschaft, dann könnten sie ja einen Sohn bekommen, der

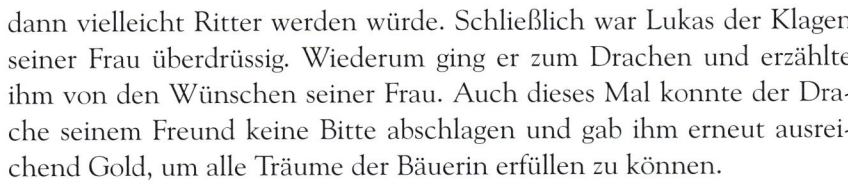

dann vielleicht Ritter werden würde. Schließlich war Lukas der Klagen seiner Frau überdrüssig. Wiederum ging er zum Drachen und erzählte ihm von den Wünschen seiner Frau. Auch dieses Mal konnte der Drache seinem Freund keine Bitte abschlagen und gab ihm erneut ausreichend Gold, um alle Träume der Bäuerin erfüllen zu können.

Als sie nun ihr Schloß hatten, sah die Bäuerin eines Tages die Königin in einer prunkvollen Kutsche vorbeifahren. Ihr Neid wuchs nun noch mehr, und sie redete auf den armen Lukas ein, er solle doch seinen Freund darum bitten, ihnen ein Königreich zu beschaffen. Er solle sich doch nur vorstellen, wie schlimm es wäre, falls ihr zukünftiger Sohn Ritter werden würde und in einer Schlacht ums Leben käme. Als Königssohn bliebe er vom Kriegsdienst befreit.

Lukas hatte die Gier seiner Frau langsam satt, doch wußte er auch nicht, wie er sich gegen sie wehren sollte. Verzweifelt suchte Lukas seinen alten Freund, den Drachen, ein weiteres Mal auf. In einer langen Unterredung klagte Lukas dem Drachen sein Leid. Geduldig und aufmerksam hörte der Drache sich an, was Lukas zu berichten hatte. Dann meinte der Drache, Lukas' Frau sei zu gierig und zu ehrgeizig. Das könne so nicht weitergehen.

Daraufhin führte der Drache Lukas tiefer in seine Höhle hinein. Dort zeigte er Lukas einen prächtigen Saal, in dem zahlreiche junge Frauen, eine schöner als die andere, vergnügt tanzten und sangen. Der Drache berichtete, das alle diese Mädchen seine Dienerinnen seien. Lukas sei von nun an sein Gefangener und dürfe die Höhle ohne seine Begleitung nie mehr verlassen. An den schönen Mädchen dürfe er sich jedoch erfreuen, jeden Wunsch würden sie ihm erfüllen.

Von nun an machten die beiden Freunde gemeinsam ausgiebige Spaziergänge in der wunderbaren Natur, und in der Höhle führten sie das schönste Leben. Lukas kehrte nie mehr zu seiner Bäuerin zurück und lebte noch viele Jahre glücklich mit dem Drachen und den Jungfrauen. Die Bäuerin mußte jedoch glauben, daß ihr Gatte tot sei. So war sie immerhin verpflichtet, Trauerkleidung zu tragen und auf Samt und Seide zu verzichten.

Europa

Deutschland

Braunschweig*
Heinrich der Löwe und der Drache

Zuordnung: Lindwurm

Zu Braunschweig steht aus Erz gegossen das Denkmal eines Helden, zu dessen Füßen ein Löwe liegt; auch hängt im Dom daselbst eines Greifen Klaue. Davon berichtet folgende Sage:

Vor Zeiten zog Herzog Heinrich, der edle Welf, nach Abenteuern aus. Als er in einem Schiff das wilde Meer befuhr, erhob sich ein mächtiger Sturm und verschlug den Herzog ab vom Kurs. Lange Tage und Nächte irrte er, ohne Land zu finden. Bald begann den Reisenden, die Speise auszugehen, und der Hunger quälte sie schrecklich. In dieser Not wurde beschlossen, Lose in einen Hut zu werfen; und wessen Los gezogen ward, der verlor das Leben und mußte den anderen mit seinem Fleische zur Nahrung dienen. Willig unterwarfen sich diese Unglücklichen und ließen sich für den geliebten Herrn und ihre Gefährten schlachten. So wurde das Leben der übrigen eine Zeitlang gefristet.

Die Vorsehung schickte es, daß niemals des Herzogs Los herauskam. Aber das Elend wollte kein Ende nehmen; zuletzt war bloß der Herzog mit einem einzigen Knecht noch auf dem ganzen Schiffe lebendig, und der schreckliche Hunger hielt nicht inne. Da sprach der Fürst: „Laß uns beide losen, und auf wen es fällt, von dem speise sich der andere." Aber diese Zumutung erschreckte den treuen Knecht, doch dachte er, es würde ihn selbst treffen, und er ließ es zu. Doch siehe da, es fiel das Los auf seinen edlen und liebenswerten Herrn, den jetzt der Diener töten sollte. Da sprach der Knecht. „Das tu ich nimmermehr, und wenn alles verloren ist, so hab ich noch ein anderes ausgesonnen; ich will Euch in einen ledernen Sack einnähen, und wartet dann, was geschehen wird." Der Herzog gab seinen Willen dazu; der Knecht nahm die Haut eines

*Quelle: Gebrüder Grimm: Deutsche Sagen; Zweiter Band (dritte Auflage). Berlin, 1891

Deutschland

Ochsen, den sie vordem auf dem Schiffe gespeist hatten, wickelte den Herzog darein und nähte sie zusammen; und er hatte sein Schwert neben den Herzog mit hineingesteckt.

Nicht lange, so kam ein Greif geflogen, faßte den ledernen Sack mit den Klauen und trug ihn durch die Lüfte über das weite Meer bis in sein Nest. Als der Vogel dies bewerkstelligt hatte, sann er auf einen neuen Fang, lies die Haut liegen und flog wieder aus. Mittlerweile faßte Herzog Heinrich das Schwert und zerschnitt die Nähte des Sackes; als die jungen Greife den lebendigen Menschen erblickten, fielen sie gierig und mit Geschrei über ihn her. Der teure Held schlug sich tapfer, und die Greife kamen jämmerlich zu Tode.

Als er sich aus dieser Not befreit sah, schnitt er eine Greifenklaue ab, nahm sie zum Andenken mit, stieg aus den Nest, den hohen Baum hernieder, und befand sich in einem weiten wilden Wald. In diesem Wald ging der Herzog eine gute Weile fort; da sah er einen fürchterlichen Lindwurm wider einen Löwen streiten, und der Löwe schwebte in großer Not zu unterliegen. Weil aber der Löwe gemeinhin für ein edles und treues Tier gehalten wird und der Wurm für ein böses, giftiges, säumte Herzog Heinrich nicht, sondern sprang dem Löwen mit seiner Hilfe bei. Der Lindwurm schrie, daß es durch den Wald erscholl, und wehrte sich lange Zeit; endlich gelang es dem Helden, ihn mit seinem guten Schwerte zu töten. Hierauf nahte sich der Löwe, legte sich zu des Herzogs Füßen neben den Schild auf den Boden und verließ ihn von Stund an nimmermehr.

Das treue Tier ernährte seinen Herrn wohl mit geschlagenem Hirsch und anderem Wild, doch nach einiger Zeit überlegte, wie er aus dieser Einöde und der Gesellschaft des Löwen wieder unter Menschen gelangen könnte, baute er sich aus zusammengelegtem Holz eine Horde (Gestell), die er mit Reisig durchflocht, und setzte sie aufs Meer. Als nun einmal der Löwe in den Wald zum Jagen gegangen war, bestieg Heinrich sein Fahrzeug und stieß vom Ufer ab. Der Löwe aber, der zurückkehrte und seinen Herrn nicht mehr fand, kam zum Gestade und erblickte ihn aus weiter Ferne; alsbald sprang er in die Wogen und schwamm so lan-

Europa

39

Deutschland

ge, bis er auf dem Floß beim Herzog war, zu dessen Füßen er sich ruhig niederlegte.

Hierauf fuhren sie eine Zeitlang auf den Meereswellen. Bald überkam sie Hunger und Elend. Der Held betete und wachte, hatte Tag und Nacht keine Ruh; da erschien ihm der böse Teufel und sprach: „Herzog ich bringe dir Botschaft; du schwebst hier in Pein und Not auf dem offenen Meere, und daheim in Braunschweig ist lauter Freude und Hochzeit. Heute an diesem Abend hält ein Fürst aus fremdem Lande Beilager mit deinem Weibe; denn die gesetzten sieben Jahre seit deiner Ausfahrt sind verstrichen." Traurig versetzte Heinrich: „Das mag wahr sein, doch will ich mich zu Gott wenden, der alles wohl macht." „Du redest noch viel von Gott", sprach der Versucher, „der hilft dir nicht aus diesen Wasserwogen; ich aber will dich noch heute zu deiner Gemahlin führen, sofern du mein sein willst." Sie hatten ein langes Gespräch, der Herzog wollte sein Gelübde gegen Gott, das ewige Licht, nicht brechen. Da schlug ihm der Teufel vor: Er wolle ihn ohne Schaden samt dem Löwen noch am selben Abend auf den Giersberg vor Braunschweig tragen und hinlegen, da solle er seiner warten. Finde er ihn nach der Zurückkunft schlafend, so sei er ihm und seinem Reich verfallen.

Der Herzog, welcher von heißer Sehnsucht nach seiner geliebten Gemahlin gequält wurde, ging darauf ein und hoffte auf des Himmels Beistand wider alle Künste des Bösen. Alsbald ergriff ihn der Teufel, führte ihn schnell durch die Lüfte bis vor Braunschweig, legte ihn auf dem Giersberg nieder und rief: „Nun wache, Herr! Ich kehre bald wieder." Heinrich aber war aufs höchste ermüdet, und der Schlaf setzte ihm mächtig zu. Nun fuhr der Teufel zurück und wollte den Löwen, wie er verheißen hatte, auch abholen; es währte nicht lange, so kam er mit dem treuen Tier dahergeflogen. Als nun der Teufel, noch aus der Luft herunter, den Herzog in Müdigkeit versunken auf dem Giersberg ruhen sah, freute er sich schon im voraus. Allein, der Löwe, der seinen Herrn für tot hielt, hub so laut zu schreien an, daß Heinrich in demselben Augenblicke erwachte.

Der böse Feind sah nun sein Spiel verloren und bereute es zu spät,

40

das wilde Tier herbeigeholt zu haben. Er warf den Löwen aus der Luft zu Boden, daß es krachte. Der Löwe kam glücklich auf den Berg zu landen bei seinem Herrn, der Gott dankte und sich aufrichtete, um, weil es Abend werden wollte, hinab in die Stadt Braunschweig zu gehen. Nach der Burg war sein Gang, und der Löwe folgte ihm immer nach. Großer Lärm scholl ihm entgegen. Er wollt in das Fürstenhaus treten, da wiesen ihn die Diener zurück. „Was heißt das Getön und Gepfeife", rief Heinrich aus, „sollte doch wahr sein, was mir der Teufel gesagt? Und ist ein fremder Herr in diesem Haus?" „Kein Fremder", antwortete man ihm, „denn er ist unserer gnädigen Frau verlobt, und bekommt heute das Braunschweiger Land." „So bitte ich", sagte der Herzog, „die Braut um einen Trunk Wein, mein Herz ist mir ganz matt."

Da lief einer von den Leuten hinauf zur Fürstin, ihr zu hinterbringen, daß ein fremder Gast, dem ein Löwe folge, um einen Trunk Wein bitten lasse. Die Herzogin verwunderte sich, füllte ihm ein Geschirr mit Wein und sandte es dem Pilger. „Wer magst du wohl sein", sprach der Diener, „daß du von diesem edlen Wein zu trinken begehrst, den man allein der Herzogin einschenkt?" Der Pilger trank, nahm seinen goldenen Ring, warf ihn in den Becher und ließ diesen zur Braut zurücktragen. Als sie den Ring erblickte, worauf des Herzogs Schild und Name geschnitten waren, erbleichte sie, stand eilends auf und trat an die Zinne, um nach dem Fremdling zu schauen. Sie ward des Herrn inne, der da mit dem Löwen saß; darauf ließ sie ihn in den Saal bitten und fragen, wie er zu dem Ring gekommen wäre und warum er ihn in den Becher gelegt habe? „Von keinem habe ich ihn bekommen, sondern ihn selbst genommen, es sind nun länger als sieben Jahre; und den Ring habe ich hingelegt, wo er billig hingehört." Als man der Herzogin diese Antwort hinterbrachte, schaute sie den Fremden an und fiel vor Freuden zur Erde, weil sie ihren geliebten Gemahl erkannte. Sie bot ihm ihre weiße Hand und hieß ihn willkommen. Da entstand große Freude im ganzen Saal, Herzog Heinrich setzte sich zu seiner Gemahlin an den Tisch; dem harrenden Bräutigam aber wurde ein schönes Fräulein aus Franken angetraut. Hierauf regierte Herzog Heinrich lange und glücklich in seinem Reich.

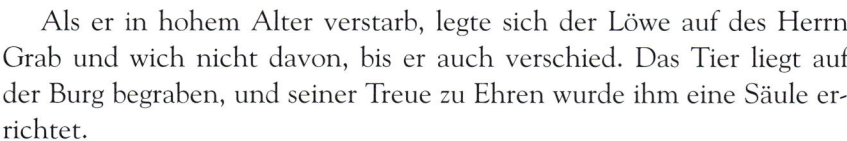

Als er in hohem Alter verstarb, legte sich der Löwe auf des Herrn Grab und wich nicht davon, bis er auch verschied. Das Tier liegt auf der Burg begraben, und seiner Treue zu Ehren wurde ihm eine Säule errichtet.

Breslau*
Drachen und Freimaurer

Zuordnung: Klassischer Drache

Bei der Aufnahme in den Bund der Freimaurer sind merkwürdige Gebräuche üblich. Der Aufzunehmende muß sich in einen Sarg legen, dann treten alle anwesenden Freimaurer heran und setzen ihre Schwerter auf seine Brust. Man glaubt auch, er würde wirklich durchstochen, ohne daß es ihm schade. Einen am Abend vorher angenommenen Freimaurer fragte seine Frau am nächsten Morgen, er solle ihr doch zeigen, wohin ihn die Freimaurer gestochen hätten. Einen anderen bat ein jüngerer Freund immer wieder, er solle doch einmal mit ihm baden gehen. Als der so gebetene erstaunt fragte, warum, erklärte sein Freund schließlich verlegen: Er wolle doch gar zu gerne seinen durchstochenen Körper sehen.

Was die Freimaurer eigentlich treiben, weiß man nicht recht. Wer sie belauscht, dem geht es jedoch schlecht. Ein Breslauer Bürger, der in der Vereinigten Loge etwas zu bestellen hatte, geriet dabei in einen finsteren Saal, in dessen Mitte ein Sarg stand. Als er neugierig auf diesen zu-

---

*Quelle: Kühnau, Richard: Breslauer Sagen. Breslau, 1926

Europa

ging, erhielt er plötzlich von unsichtbarer Hand eine so fürchterliche Ohrfeige, daß er nicht nur zum Saale hinaus, sondern auch noch die Treppe hinunterflog. Wenn ein Freimaurer die Geheimnisse seines Ordens verrät, so wird er hingerichtet. Das geschieht dadurch, daß man sein in der Loge hängendes Bild mit einem Dolche durchstößt, dann muß er sterben. Darum tötet sich ein solcher Verräter lieber selbst, wenn er glaubt, der Meister habe von seinem Verrat erfahren.

Stirbt jemand ganz plötzlich, so heißt es, er sei von den Freimaurern getötet worden. Ein Gutsbesitzer aus Hartlieb fuhr mehrmals in der Woche mit zwei Rappen zu den Versammlungen der Loge nach Breslau. Der Kutscher durfte sich nachts, wenn er an den Pferden oder am Wagen etwas Ungewöhnliches bemerkte, nicht umdrehen, es würde ihm sonst sofort der Hals gebrochen. Schwitzten und zitterten die Pferde, und ging der Wagen nicht von der Stelle, so mußte er ihn stehenlassen, die Ziehblätter durchschneiden und die Pferde allein nach Hause treiben. Der Herr stieg dann aus und ging zu Fuß nach dem Schlosse. Am anderen Morgen holte man den Wagen nach. Das Geheimnis erklärt sich dadurch, daß sich die Freimaurer dem Teufel verschrieben haben, der sie überallhin begleitet. Die Freimaurer tragen ihren höllischen Geist nicht selten bei sich, in irgendeinem Gegenstand verschlossen. In Breslau meinte man, sie trügen ihn an den Uhrketten, in den goldenen Kugelberlocks versteckt.

Man bedauert die Freimaurer bisweilen, weil sie in die Hände des Teufels gefallen seien. Eine Bedienungsfrau meinte, es sei wirklich schade, daß ihr Herr Freimaurer sei und in die Hölle kommen müsse, er sei doch immer so freundlich. Wenn jemand reich wird oder sich aus schwieriger Lage durch unbekannte Mittel emporarbeitet, so sagt man in Breslau: „Der wird wohl Freimaurer sein." In Lilienthal hatte sich ein reicher Freimaurer ein Gut als landwirtschaftliche Musterwirtschaft eingerichtet. Knechte und Mägde, die eine solche Fülle von Vorräten und ausgezeichneten Gerätschaften noch nicht gesehen hatten, erzählten alsbald, der Herr habe einen „Gelddrachen", der ihm immer neues Geld zutrüge. Freimaurer können nie völlig verarmen.

43

44

Europa

Ein Mühlenbesitzer in Breslau schloß sich jeden Abend, wenn alle anderen zu Bett gegangen waren, in seine Stube ein. Dort hörte man ihn bis morgens früh vier angestrengt arbeiten. Ein Dienstmädchen war neugierig und lauschte einst nachts am Schlüsselloch; da vernahm sie Geräusche wie von Sägen, Hämmern und Pochen. Alle Freimaurer müssen nämlich neben ihrem Beruf ein Handwerk treiben. Wenn ihr anderes Geschäft zusammenbricht, sind sie dann immer imstande, sich wieder emporzuarbeiten.

Die Freimaurer sind geheime Zauberer, die mit Geistern in Verbindung stehen. ... Jedes Jahr fordert der Teufel sein Opfer. Eine Breslauer Sage schildert das Verfahren der Freimaurer beim Auslosen des Bruders, der im nächsten Jahr als Opfer sterben muß. Da kommen sie zusammen und stecken die Lose in einen hohen schwarzen Hut. Alsbald kommt eine große schwarze Katze und zieht mit ihrer Pfote das Todeslos heraus. Wenn der Schwarze den Freimaurer holt, bricht plötzlich ein großer Sturm aus, und wenn der Satan mit seinem Opfer durch den Schornstein fährt, hageln die Ziegel nur so vom Dache herunter. Daher sagt man bei plötzlich entstehendem Sturmwinde: „Da muß ein Freimaurer gestorben sein." Manchmal erscheint der Teufel auch in Schlangengestalt. ... Ein Dienstmädchen aber hatte durch das Schlüsselloch gesehen und bemerkt, dass eine große Schlange langsam auf ihren Herrn zugekrochen war, ihn umwickelt und erwürgt hatte. Darauf aber ist etwas an die Tür gekommen, vor der die Lauscherin stand, und hat so furchtbar daran geschlagen, daß sie voller Entsetzen davonlief ...

45

Die schöne Melusine und das Schloss Staufenberg

Zuordnung: Halbdrache

Im Schloß Staufenberg, unweit des Weinortes Durbach, wohnte einst ein Amtmann, dessen Sohn Sebald Vogelsteller war. Als der Jüngling wieder einmal im Stollenberger Wald seine Liebhaberei betrieb, hörte er einen lieblichen Gesang. Er ging bergauf, den klangvollen Tönen nach. Da erblickte er im Gebüsch ein wunderschönes Weib. Flehend schaute es den herantretenden Jüngling an und rief: „Schon lange harre ich deiner. Ich bin verwünscht. Erbarme dich meiner, und erlöse mich! Du brauchst mich nur dreimal dreifach zu küssen, dann bin ich erlöst."

Auf Sebalds Frage, wer sie sei, antwortete die Waldfrau: „Ich heiße Melusine und habe einen großen Brautschatz. Wenn du mich erlöst, bin ich mit meinem Schatze dein. Du mußt mich drei Morgen hintereinander, früh um neun Uhr, auf beide Wangen und den Mund küssen. Dann ist die Erlösung vollbracht. Fürchte dich nicht, besonders nicht am dritten Tag!"

Melusine trat dann aus dem Busch hervor, und Sebald konnte sie genau betrachten. Sie war sehr schön, blond und hatte blaue Augen, aber keine Finger. Statt ihrer sah man eine trichterförmige Höhlung und an Stelle der Beine Fischschwänze. Sebald gab ihr zunächst die ersten drei Küsse. Darüber war Melusine sehr erfreut und bat ihn, am zweiten und dritten Tag ganz bestimmt wiederzukommen. Dann kroch sie in ihren Busch zurück und sang: „Komm und erlöse deine Braut! Hüte dich wohl zu erschrecken! Sebald, nimm dich wohl in acht! Einmal war es recht gemacht."

Nun verschwand sie, Sebald ging heim, sagte aber nichts von seinem Erlebnis. Am andern Morgen eilte er in den Stollenberger Wald; Melusine sang wie tags zuvor, und er näherte sich ihr. Diesmal hatte sie jedoch Flügel und einen Drachenschweif. Trotzdem trat er furchtlos auf sie zu und küßte sie dreimal. Sie bedankte sich wieder wie am ersten Tag und versank in die Erde.

47

Deutschland

Am dritten Tag hatte sie einen scheußlichen Krötenkopf, und ein Drachenschwanz umschlang furchtbar ihren Leib. Da erfaßte Sebald ein Grauen vor dem giftdräuenden Ungeheuer, und er rief abwehrend: „Kannst du dein menschliches Antlitz nicht entblößen, so kann ich dich nicht küssen." „Nein!" rief Melusine und streckte mit lautem Schrei ihre Arme nach ihm aus. Da floh Sebald, von Entsetzen gepackt, den Berg hinunter. Atemlos kam er bei seinem Vater in der Burg an. Als er nun sein Erlebnis erzählte, wurde er vom Vater wegen seiner Furchtsamkeit gescholten.

Zwei Jahre vergingen. Sebald suchte den Stollenberger Wald nicht mehr auf, denn er fürchtete die Rache der von ihm betrogenen Waldfrau. Auf Wunsch seines Vaters heiratete er die Tochter eines Amtsvogtes. Die Hochzeit wurde im Schloß Staufenberg abgehalten. Als aber die Gesellschaft fröhlich beim Schmause saß, spaltete sich die Decke des Saales, und ein Tropfen fiel auf Sebalds Teller. Sebald aber hatte es nicht bemerkt und aß weiter. Da fiel er plötzlich tot nieder. Zu gleicher Zeit zog sich ein kleiner Schlangenschwanz in die Decke zurück.

So rächte sich die verzauberte Melusine an dem Mann, der ihre Hoffnung auf Erlösung enttäuscht hatte.

Der Lindwurm zu Eibelstadt

Zuordnung: Lindwurm

War das ein Jammern in Eibelstadt! Ein Lindwurm hatte sich im Stadtgraben eingenistet und forderte täglich seine Opfer. Schon getraute sich kein Mensch mehr aus den Toren. Nur wenn die Gebetsglocke läutete, bannten diese friedlichen Klänge den Wurm und taten seinem Wüten für kurze Zeit Einhalt.

*Quelle: Treutwein, Karl: Sagen aus Mainfranken. Würzburg, 1969

Europa

Damals lebte im Städtchen ein alter Schuster. Der war früher Landsknecht gewesen und weit in der Welt herumgekommen. Zuletzt hatte er unter dem Markgrafen Albrecht Alcibiades gegen das Hochstift Würzburg gekämpft und war bei Eibelstadt schwer verwundet worden. Man pflegte ihn in der Stadt gesund; er war des fahrenden Treibens müde, wurde seßhaft und schlug sich als Schuster durchs Leben.

Nun erinnerte er sich an manches Gespräch an den Lagerfeuern seiner Landsknechtszeit. Man könne jeden Lindwurm erlegen, so hatte er damals gehört, wenn man ihm ein wenig Saft vom Bilsenkraut ins Herz impfe. Bilsenkraut gab es am nahen Lindelbacher Berg genug, und den

49

Spieß getraute sich der Schuster noch zu führen wie anno 1552, wo er bei Hetzfeld drei bischöfliche Reiter von den Gäulen gestochen hatte.

Von seinem Nachbarn, dem Wagner, ließ er sich einen zügigen Eschenschaft richten und vom Schmied mit einer guten Eisenspitze beschlagen. Den Küster bat er, am Freitag abend die Gebetsglocken länger zu läuten, damit Zeit genug sei, am Lindelbacher Berg ein Büschel Bilsenkraut zu holen. All das geschah.

Der alte Landsknecht netzte mit dem Saft des giftigen Krautes seine Speerspitze und zog mit dieser Waffe hinaus an den Stadtgraben. Kaum hatte der Drache den Menschen gewittert, kam er mit Fauchen und Schnauben dahergebraust. Funken stoben aus seinem aufgerissenen Höllenrachen. Der Landsknecht schickte ein Stoßgebet zum Himmel, ließ den Lindwurm auf Wurfweite herankommen und schleuderte ihm mit voller Kraft den Spieß in den Rachen. Der Drache bäumte sich hoch auf und blies zwei Feuersäulen aus seinen Nüstern. Dann schoß ein Blutstrahl hervor; der Wurm überschlug sich und stürzte verendend in den Graben. Von allen Seiten kamen nun die Bürger herbeigelaufen. Als sie das Untier tot im Graben liegen sahen, erhoben sie ein lautes Jubelgeschrei und priesen den Schuster als einen großen Helden. Dann schleiften sie den Drachen hinab zum Main, damit er ins Weltmeer schwimme.

Ebringen im Schwarzwald*
Der Drache am Schönberg

Zuordnung: Fliegender Drache
In uralter heidnischer Zeit zog ein feuriger Drache über Ebringen und verschwand im südlichen Schönberg in einer Höhle. Dieser Drache mußte von Zeit zu Zeit ein Menschenopfer haben. Das Los traf eines Tages schließlich auch die schöne junge Tochter des Grafen auf der Schneeburg.

*Quelle: Straub, Wilhelm: Sagen des Schwarzwaldes. Konkordia AG 1956

Europa

Am Fuße des Schönbergs aber wohnte damals ein junger Ritter, der sich heimlich zum Christentum bekannte. Als er von dem schrecklichen Los der Tochter des Schneeburgers hörte, faßte er den Entschluß, den Drachen zu töten.

Gut ausgerüstet ritt er dem Untier entgegen, das ihn vor seiner Höhle mit weitaufgesperrtem Rachen erwartete. Das Pferd schreckte zurück und bäumte sich hoch auf. Mit kräftigem Arm aber zügelte es der Ritter und stieß dem Drachen seinen Spieß in den Schlund. Das Ungeheuer krümmte sich in allen Windungen und verendete. Alles aber lobte nun den Christengott, der dem Ritter zum Siege verholfen hatte.

Zur Erinnerung errichtete man in Ebringen auf den Häusern, über die der Drache hinweggezogen war, steinerne Kreuze, von denen auch heute noch einige zu sehen sind. Den mutigen Ritter Georg aber verehrte man als einen Heiligen und nannte den Ort, wo er später wohnte, ihm zu Ehren St. Georgen.

51

Geldern*
Der Drache von Geldern

Zuordnung: Klassischer Drache

Zur Zeit Karls des Kahlen ließ sich im Land zwischen der Niers und dem Rhein ein furchtbares Ungetüm sehen, das weit und breit in der ganzen Gegend großen Schrecken verursachte, denn es fraß nicht nur Tiere, sondern auch Menschen. Darum verließen viele Menschen das Land und wanderten gen Osten und Westen, überall Kunde von dem entsetzlichen Drachen verbreitend.

So erfuhren auch die Söhne Ottos, des Herrn von Pont, von dem Unheil. Da zog Lupold, der älteste Sohn, gegen den Drachen aus, fand ihn unter einem Mistelbaum und griff ihn mutig an. Aber das Tier setzte sich zur Wehr. Die gewaltigen Tatzen erhebend und eine Wolke von Glut aushauchend, schrie es, in dem es Lupold zu erschlagen drohte, gellend: „Gelre! Gelre!" Doch schon stak ihm Lupolds Lanze im Herzen, und bald darauf verendete es unter dessen wuchtigen Schwertschlägen.

Zum Dank für diese Tat erwählten die Bewohner dieser Gegend Lupold zu ihrem Herrn und erbauten ihm an der Kampfstelle ein Schloß, das er nach dem Geschrei des Drachen „Gelre" nannte. Aus diesem Wort ist später der Name „Geldern" entstanden.

Königswinter am Rhein*
Der Drache vom Drachenfels

Zuordnung: Schlangendrache

Dort, wo die südwestliche Flanke des Drachenfelsen steil zum Rhein hin abbricht, gewahrt man hoch oben über den vorgelagerten Weingärten, in denen das „Drachenblut" gedeiht, und unter einem leicht vorstoßenden Felszinken den Eingang zu einer dunklen Höhle. Darin hatte einst ein Drache gehaust. Die Leute sagen, seine Schätze seien sogar heute noch dort zu finden; wer es wage, um Mitternacht den Fels zu erklimmen und die Höhle zu betreten, der finde sie dort herrlich strahlend ausgebreitet. Ein junger Bursch aus Königswinter hat auch einmal versucht, wenigstens einen Teil des Reichtums zu gewinnen. Aber es ist ihm nicht gelungen. Anderen Morgens kehrte er totenblaß und mit tief ergrautem Haar aus der Höhle zurück. Was er darin gesehen hatte, das wollte er nie erzählen.

Zu Lebzeiten dieses Drachens nun war der nach ihm benannte Fels noch nicht so steil wie heute; das ist er erst durch einen Steinbruch geworden. Damals konnte man auf einem gemächlich ansteigenden Pfad zu der Höhle gelangen. Dicht dabei fand man einen ungefügen Opferaltar und eine gewaltige Eiche, zu deren Füßen eine Quelle entsprang. An dieser Stätte hat man noch vor gerade mal 1500 Jahren

*Quelle: Gath, Peter Goswin, Rheinische Sagen von der Quelle bis zur Mündung, Köln, Krefeld 1949

Deutschland

dem Drachen mancherlei Opfer gebracht. War es eine Jungfrau, so führte man sie in einem weißen Gewand und mit Blumen geschmückt zu der Eiche und band sie an deren Stamm. Als man aber in christlicher Zeit dem Drachen die althergebrachten Opfer verweigerte, holte er sie sich selbst.

Damals war es sehr gefährlich, zu Schiff am Drachenfels vorüberzufahren; denn es konnte leicht geschehen, daß der Drache plötzlich feuerschnaubend zum Vorschein kam, das Schiff umwarf und die herausfallenden Menschen verschlang. Viele Jahrhunderte vermochte man dieses Unheil nicht einzudämmen. Erst als das Pulver erfunden worden war, kam man auf einen guten Einfall, um das greuliche Untier aus der Welt zu schaffen. Da füllte man nämlich ein Schiff mit jenem leicht entzündlichen Stoff und ließ es führerlos den Rhein hinabtreiben. Sofort kam der Drache aus seiner Höhle geschossen und stieß auf das Schiff hernieder. Doch von dem Gluthauch seines Mundes entzündete sich das Pulver, und zugleich mit dem Schiff wurde der Drache in tausend Stücke gerissen.

In den Weingärten, die sich von Königswinter zum Drachenfels hinziehen, findet man dicht am Wege ein uraltes steinernes Kreuz. Bei diesem sieht man in gewissen Nächten eine mächtige Schlange erscheinen, die eine herrlich funkelnde Krone auf dem Haupte trägt und gemeinhin „die Hahnunk" genannt wird. Wer sich in dieser Tiergestalt verbirgt, das weiß man nicht. Aber es könnte wohl die Schlüsseljungfer sein, die sich alljährlich viermal in menschlicher Gestalt zeigt. In jeder Quatembernacht (kath. Bußtage zur Ehrung der Jahreszeiten) schwebt sie nämlich mit einem goldenen Schlüssel im Mund von der Höhe des Drachenfelsen zum Rheinufer hinab, besteigt drunten einen feurigen Wagen, der von vier glühenden Rossen gezogen wird, und fährt dann brausend nach Honnef hin. Hier verschwindet sie mit ihrem Gespann auf einer Wiese hinter dem Hause, das „Zur Hölle" genannt wird und dessen Torweg bis in die jüngste Zeit hinein nie versperrt worden ist. Diese Jungfer hat sich auch einmal in Drachengestalt gezeigt. Vor vielen Jahren kamen zwei junge Burschen aus Rhöndorf eines Mittags zum „Haidchen", das bekanntlich zwischen dem Drachenfels und der Wolkenburg gelegen ist. Hier suchten sie Vogelnester, und dabei erblickten sie plötzlich eine wunderschöne Jungfer in kostbarer altmodischer Tracht. Erst wollten sich die beiden, nichts Gutes ahnend, davonschleichen; doch die Jungfer trat ihnen freundlich lächelnd in den Weg und fragte sie, ob sie nicht Lust hätten, gegen hohe Belohnung ein Wagnis zu unternehmen, bei dem ihnen gar nichts Böses widerfahren könne. Darin willigten die jungen Leute ein. Da erklärte ihnen die Jungfrau, sie sollten in der zweitfolgenden Nacht wieder an derselben Stelle erscheinen, dann würden sie einem Drachen begegnen, der einen glühenden Schlüssel im Maule trage; und diesen Schlüssel sollten sie dem Tier unbesorgt entreißen, denn es könne ihnen dabei nichts geschehen. Als die Burschen dies hörten, wurde ihnen doch ein wenig übel zu Mut. Nichtsdestoweniger blieben sie bei dem Plan, kehrten in der übernächsten Nacht auf das „Haidchen" zurück und fanden hier den Drachen. Da stieß einer den anderen an, er solle den Schlüssel nehmen; aber keiner fand dazu den Mut. Und als nun der Drache auf sie zugekrochen kam und ihnen den Schlüssel geradezu hinhielt, da wandten sie sich schreckerfüllt um und liefen, so schnell sie nur konnten, nach Hause. Hinter ihnen stand jetzt jedoch nicht mehr der Drache, sondern die Jungfrau, die mit wehmütiger Stimme klagte: „Ach, jetzt muß ich wieder so lange warten, bis ein Eichbaum so weit herangewachsen ist, daß aus seinem Holz eine Wiege gemacht werden kann. Denn erst jenes Kind, das man dann in die Wiege legt, wird mich einst erlösen können."

55

Der Korndrache aus Lauenburg und Schleswig-Holstein

Zuordnung: Korndrache

Der Drache ist ein großes feuriges Tier mit einem langen Schweif, von der Größe eines Besen- oder Windelbaums (Weide). Bald zieht er hoch, bald ganz niedrig eben über der Erde hin und schlüpft mitunter in Häuser. Wenn zwei Brüder, während sie miteinander unterwegs sind, einen solchen Besuch sehen und dann ein Wagenrad abnehmen, es verkehrt herum wieder aufstecken und weiterfahren, so kann der Drache nicht wieder zurück, und das Haus muß verbrennen.

Wenn einer ihn niedrig und in dunkelrotem Feuer glühend hinziehen sieht, so muß er sich unter ein Dach stellen, den Hintern entblößen und die blanke Scheibe dem Drachen zukehren. Dann entsetzt dieser sich, platzt, und die schwere Geldladung, die er immer mit sich führt, fällt heraus und macht den Finder zum reichen Mann. Er darf es aber nicht auf freiem Felde tun; denn dann bewirft ihn der Drache mit Unrat.

Zu den Leuten, die mit ihm im Bunde stehen, kommt der Drache gewöhnlich durch den Schornstein oder das Eulenloch. Ihnen bringt er nicht nur Geld, sondern auch Geldeswert. So sah einer vom Gut Neversdorf einmal, daß der Drache mit schöner Leinwand angezogen kam, die er einem reichen Bauern bringen wollte. Er stellte sich unter den Vorsprung eines Daches, erschreckte den Drachen auf die angegebene Weise. Weil der Drache nach ihm warf, ihn aber nicht treffen konnte, erhielt er ein schönes Stück Leinwand. An demselben Orte sah ein anderer auch, wie der Drache bei einem reichen Bauern in die Eulenflucht (Öffnung im Dachgeschoß für Eulen) hineinschlüpfte. Weil er dem Bauern nicht gut war, nahm er ein Wagenrad ab und steckte es verkehrt herum wieder auf, und das Haus mußte verbrennen. Auch sahen die Sarauer Fi-

---

*Quelle: Müllenhoff, Karl: Sagen, Märchen und Lieder der Herzogthümer Schleswig-Holstein und Lauenburg. Kiel, 1845

Europa

scher nachts den Drachen in das Haus des reichen Bauern Bartelmann ziehen, und alsbald stand das ganze Dach in Flammen.

Vor zwei oder drei Jahren sah man in Pogetz, Sarau, Buchholz und Einhaus am Ratzeburger See in ein und derselben Nacht viele feurige Drachen in der Luft schweben.

Neubäu in der Oberpfalz*
Der Korndrache von Neubäu

Zuordnung: Korndrache

Am Kirchweihsamstag in Neubäu sah man einst eine Weberin, die im Verdachte der Hexenkunst stand, den Drachen im Schwarzenwührberge bestellen. Kaum war sie zu Hause, so kam er in Gestalt einer roten flügellosen Schlange, so groß wie ein Wieschbaum (Wiesenbaum; Heubaum zum Bäumen, Aufschichten, einer Heufuhr bei der Heuernte), über den Kamin des Häuschens dieser Frau und fuhr, sich ringelnd, hinein. Nach langem Verweilen sah man ihn wieder herausfahren; er hatte ihr Schmalz zum Küchelbacken gebracht.

Dieses Weib betete nie, machte kein Kreuz, konnte niemandem in die Augen schauen und ward in der Beichte auch niemals losgesprochen. Sie ging nur nachts um Speis und Trank. Immer verkaufte sie Schmalz und hatte doch nur eine Kuh. Auf dem Miste vor ihrem Hause sah man gar oft von jenen Fladen, gelblichweiß und in der Größe hölzerner Teller, welche der Drache speien soll, als Überreste seines Raubes. Wo man solche Fladen sieht, geht es nicht mit rechten Dingen zu.

---

*Quelle: Schönwerth, Franz: Aus der Oberpfalz, Sitten und Sagen; erster Teil. Augsburg, 1857

Deutschland

Drachen in der Oberpfalz (1)

Zuordnung: Feuerdrache, Korndrache

In enger Verbindung mit der Hexe steht der Drache als ihr Helfershelfer. Er ist ein Tier des Feuers. Oft wird beschrieben, daß sein Körper von der Größe eines Eichbaums sei; sein Kopf gleiche dem eines Fischotters oder eines Fisches, der Schweif einem struppigen Besen; er fliege sehr schnell, hoch über den Häusern und streue im Flug sprühende Funken.

Zu Ebnat sah ihn einer fliegen mit Feuer speiendem Rachen und feurigem Schweif, mit Flügeln und Pratzen und blauem Leib. Einem anderen wurde die Stube, als er vorüberflog, ganz erhellt; der Drache ließ sich an der Raab (ein Fluß) nieder. Von weitem schon konnte man ihn surren hören.

In der Gegend um Roding gilt der Drache als große Schlange, acht bis neun Schuh lang. Man sagt, er fliege, den Rachen aufgesperrt, die Zunge weit herausgestreckt, den Schweif spitz und aufgeringelt, an den Pfoten Flughäute wie eine Fledermaus0 und er glühe am ganzen Leib und sprühe Funken.

Der Flug des Drachen geht um die Mittagszeit, oder des Nachts, besonders in der Christ- und Walpurgisnacht. Durch den Kintel oder Schornstein fliegt er in die Häuser und säuft alle Milch aus. Wo er einfliegt, hat man nicht Butter, nicht Schmalz, nicht Milch, und die Kühe geben Blut. Der Drache nimmt alles mit und streut es der Hexe auf den Herd, die mit ihm unter einer Decke steckt.

Der Drache ist der Teufel, der dem einen nimmt, was er dem anderen bringt. Wenn er sonst nichts zutragen kann, bringt er Mist vom Düngerhaufen des Nachbarn; dann kann der Bauer, den er so bestohlen hat, keine Ernte einbringen. Er läßt sich daher meist auf großen Höfen nieder.

Wo der Drache eingeflogen ist, sieht man bald darauf im Düngerhaufen Lachen von gelblicher gestockter Milch, mit glänzender Haut überzogen von außerordentlich strengem Geruch. Es ist das Drachenschmalz, welches das Tier beim Aus- und Einfliegen verloren hat. Das geschieht besonders, wenn er von jemandem gesehen wurde; es ist eine griesartige schleimige Materie, wie Hirsebrei oder Froschlaich. Wo der Drache diese Losung fallen ließ, die sich von selbst verliert, schmilzt der Schnee, und das Gras wird gelb, wenn es auch nicht verbrennt. Gewöhnlich fällt die Losung aber in Gestalt und Größe großer Schüsseln

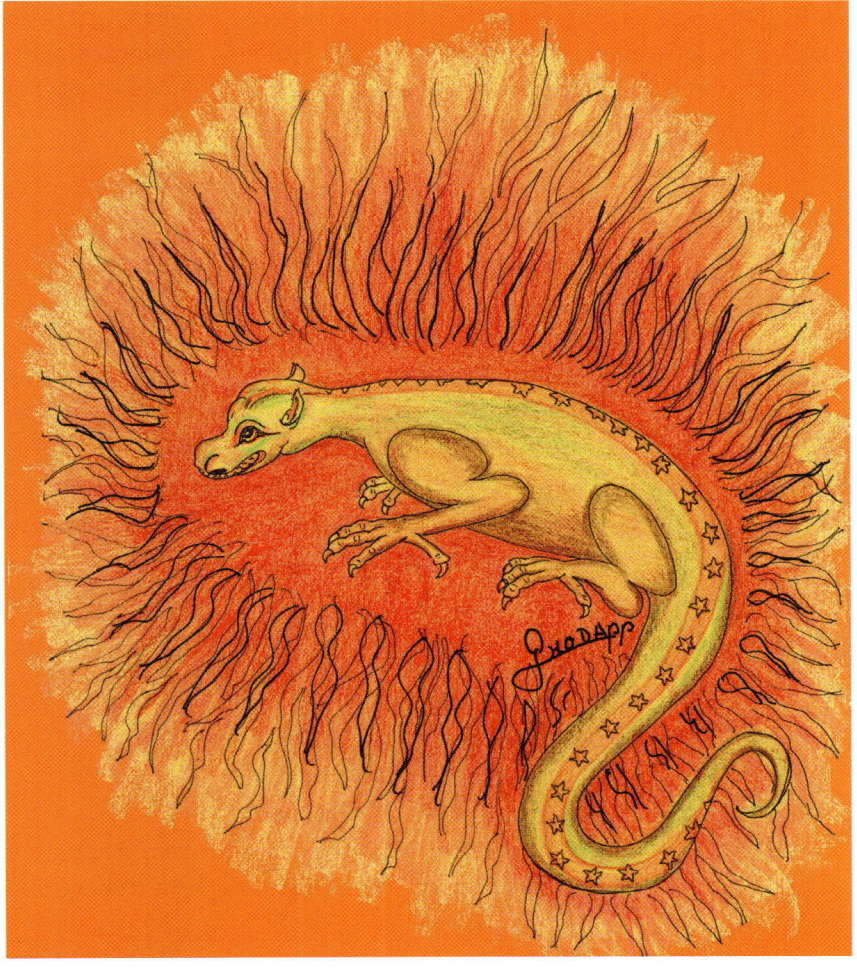

Deutschland

oder Fladen auf die Düngerhaufen. Die Leute fürchten sich davor und verbrennen sie.

Gegen den Schmalzraub des Drachen hilft sich die Bäuerin, indem sie die Haut, welche die Milch macht, „Hexe" genannt, verbrennt. Damit verbrennt die Hexe, welche der Kuh geschadet hat. Oder die Bäuerin legt beim Ausrühren ein Stück Eisen unter das Rührfaß.

Es gibt noch eine andere Art Drachen: Es sind die langen, schlängelnden Feuerstreifen, die im Herbst und Frühling in sternenhellen Nächten durch die Lüfte fliegen. Wenn sich ein solcher zeigt, wird es ein gutes Jahr.

Drachen in der Oberpfalz (2)

Zuordnung: Feuerdrache, Korndrache

Ein Feuer- oder Korndrache setzte sich einst des Nachts auf das Kornhaus zu Spalt. Das Tier war ganz feurig und so groß, daß der Schweif über das ganze Dach herunterhing. Alles im Umkreis wurde hell, und die Ziegel des Daches sind jetzt noch vom Brande schwarz. Zu Merkendorf bei Ansbach ließ er sich auf das Strohdach eines Bauernhofes nieder, worauf das halbe Dorf abbrannte.

*Ostfranken**
Fliegende Drachen

Zuordnung: Fliegende Drachen

Anno 1533, am Freitag nach Ursula, dem 24. Oktober, nachts um 10 Uhr sind zu Hof und an anderen Orten mehr, auch in Behem und

---

*Quelle: Dünninger, Josef: Fränkische Sagen vom 15. bis zum Ende des 18. Jahrhunderts. Kulmbach, 1964

Europa

Etschland, fliegende Drachen gesehen worden, große und kleine. Etliche waren länger als ein Wischbaum (Wiesenbaum; Heubaum zum Bäumen, Aufschichten, einer Heufuhr bei der Heuernte). Sie flogen schnell, nicht viel über ein Haus oder Baum hoch von der Erde, und waren der wunderbarlichen Figuren unzeitlich viel, etwas über die vierhundert. Es währte ihr Flug und Vorüberzug von 10 Uhr vor Mitternacht bis um 2 Uhr nach Mitternacht. Bei vier ganzen Stunden sehr schrecklich und furchtsam anzuschauen, hatten dieselben Drachen mehrererteils zwei Flügel, eine Krone auf dem Haupt und einen Rüssel wie eine Sau. Damals trat der Mond in das erste Viertel.

Rheinland *
Der Drache vom Godesberg

Zuordnung: Klassischer Drache

Als man den Godesberg vor etwa 800 Jahren noch Gudins- oder Wudinsberg nannte, war er den umwohnenden Leuten so heilig, daß sie trotz seiner das Land beherrschenden Lage keine Burg auf ihm zu errichten wagten. Diese seltsame Scheu rührte wohl daher, daß einst auf seinem Gipfel der große Gott Wodan verehrt worden war, der sowohl in Drachengestalt als auch in menschlicher Gestalt auf dem jenseits des Rheines steil emporragenden Drachenfels einen zweiten Sitz hatte. Höchstwahrscheinlich hat man damals geglaubt, daß der Gott wechselweise auf dem Drachenfels und auf dem Godesberg wohne, wobei er zeitweilig, zumal zur Sommer- und Wintersonnenwende, den Strom in feuriger Gestalt überquerte.

Zwischen der Wolkenburg (dicht beim Drachenfels) und dem Stromberg (heute Petersberg genannt) liegt am Mirbach die Pferdewiese, ein länglich runder und von steilen Berghängen eingeschlossener Raum. Hier

---

*Quelle: Gath, Goswin Peter: Rheinische Sagen, Von der Quelle bis zur Mündung. Köln und Krefeld, 1949

Deutschland

hat man nachts oft einen großen Mann beobachtet, der über die Wiese zum Rhein hinabschritt und, sobald er den Abhang erreicht hatte, sich feurig erglühend in die Luft erhob, um hell flammend über den Strom zum Godesberg hinzuschweben.

Wie dieser Mann ausgesehen hat, das lehren uns Sagen aus dem Siebengebirge. Da erscheint er wie Wodan/Odin einäugig, in einen weiten Mantel gehüllt und mit einem breitkrempigen Hut auf dem Kopfe. Auch als Reiter und als der Wilde Jäger zeigte er sich diesseits wie jenseits des Stromes. Doch noch etwas anderes weiß uns eine Sage zu berichten, nämlich daß in den Nächten zur Sommer- und Wintersonnenwende, aber auch zur Tagundnachtgleiche im Frühjahr und Herbst feurige Männer über den Strom setzen, wo sie stets, den Godesberg hinaufschwebend, den Augen entschwanden.

In christlicher Zeit hat man auf den ehemaligen Wodansbergen zumeist Michaelskapellen errichtet und damit diesen Heiligen (den Drachenbezwinger) zum Nachfolger des altdeutschen Gottes gemacht. So geschah es auch auf dem Godesberg am Rhein.

Eine weitere Sage zeigt, daß jener Heilige einmal, wie zuvor der Gott, den Rhein überquerte. Cäsarius von Heiterbach berichtet uns: „Zu der Zeit, da Herr Dietrich, Erzbischof von Köln, das Schloß zu Godesberg erbaute, kam auf dem Heimweg von Köln ein frommer Priester an dem genannten Berge vorbei und sah, wie der Erzengel Michael in bekannter Gestalt vom Godesberg mit ausgebreiteten Fittichen nach dem benachbarten Stromberg hinüberflog. Zu gleicher Zeit sah ein Mann namens Dietrich, als er mit seiner Frau aus dem nächstgelegenen Dorf zur Kirche ging, wie ein Kästchen mit Reliquien, das er öfter gesehen hatte, durch die Luft vom Godesberg weg zum Stromberg geführt wurde. Beide haben dies gesehen und können heute noch für die Erscheinung Zeugnis ablegen. Willst du aber mir weniger Glauben schenken, so frage Herrn Willhelm, den Priester auf dem Stromberg, und er wird dir bezeugen, daß er alles aus dem Munde der Leute, die es gesehen, vernommen hat."

Beowulf und der Lindwurm

Zuordnung: Lindwurm

Beowulf war fast noch ein Knabe, da schloß er mit Brecca, seinem Genossen, eine Wette auf Leben und Tod im Schwimmen ab. Es war Winter, die See war rauh und eisig, doch fünf Tage und fünf Nächte schwammen beide nebeneinander, das nackte Schwert in der Hand. Da erhob sich ein stürmischer Nordwind und trennte sie. Brecca stieß bei den Schweden ans Land und kehrte zurück in seine Heimat. Beowulf jedoch wurde von Untieren des Meeres ergriffen, die ihn auf den Grund ziehen wollten. Seine Brünne aber, der handgeflochtene Panzer, schützte ihn, und er erwehrte sich ihrer eine ganze Nacht lang mit seinem Schwert. Am Morgen lagen alle Bestien wundgeschlagen auf dem Rücken der Wellen. Er tötete neun der Seeunholde und riesigen Nixenmänner, da trug ihn die Flut bei den Finnen ans Land, wo er König Hygelâc diente.

Eines Tages gelangte das Gerücht vom Unglück Hrôdgârs, des Königs der Dänen, an der Finnen Ohr. Der Däne hatte eine Halle gebaut, größer und prächtiger als sonst eine unter dem Himmelsdach; Hirschburg nannte er sie, und ihr Ruhm sollte ewig dauern. Da war täglich laut der Freude Lärmen, wenn der König und seine Helden beim Mahle saßen auf der Methbank beim Harfenklang. Doch die Freude währte nicht lange, denn das fröhliche Leben erbitterte Grendel, einen Unhold, der im Sumpfe wohnte. Als die Schar eines Nachts sorglos schlummerte, brach Grendel ein in die Halle und fing Hrôdgârs Helden und mordete sie. Kein Eisen konnte ihn verwunden, und zwölf Jahre dauerte schon die Feindschaft, der herrliche Bau stand verödet, niemand wußte das Unheil zu wenden.

Als Beowulf, Hygelâcs Degen genannt, von Grendels Taten hörte, ließ er sein Schiff rüsten, und mit fünfzehn Genossen suchte er das

---

*Quelle: Müllenhoff, Karl: Sagen, Märchen und Lieder der Herzogthümer Schleswig-Holstein und Lauenburg. Kiel, 1845

Deutschland

64

Europa

Land der Dänen auf. Mit Ehren empfing ihn Hrôdgâr, ganz wie einen nahen Verwandten. Wohl waren ihm und seinem Gefolge Degens Taten bekannt, doch sorgten sich alle um ihn, da er nicht von seinem Willen ließ und am Abend allein mit seinen Genossen in der Halle blieb, des Unholds harrend.

Grendel, der Riesen Sohn, stieg aus dem Sumpfe herauf und kam wider die Halle gegangen und rannte gegen die Tür und riß sie mit den Fäusten auf, obgleich sie verriegelt war. Aus seinen Augen schoß helles Feuer, und er sah in der Halle schlafend der Helden Menge. In grimmer Hast ergriff er einen, schlitzte ihn auf, zerbiß seine Gebeine, trank das Blut aus den Adern und verschlang ihn. Doch einer wachte; und als Grendel weiterschritt und nach dem Helden die Hand ausstreckte, da fühlte er gleich, daß noch kein Mann auf dem Erdringe gefunden ward von härterem Griffe. Beowulf hatte, sich auf den Arm stützend, behende den Feind an der Faust gefaßt. Nun richtete er sich auf, und Furcht ergriff den Bösewicht, der wollte entfliehen, aber konnte nicht. Die Halle dröhnte unter den Tritten der Kämpfer und drohte in Trümmer zu fallen; manch goldgeschmückte Bank ward zertreten. Grendel erhob ein grausiges Wehgeschrei, und Schrecken befiel die Burgbewohner, doch der Held hielt ihn fest in Todeshaft. Da sprangen dem Unhold die Sehnen aus der Achsel, und die Gelenke barsten. Grendel floh todwund, Beowulf behielt als Siegeszeichen Arm und Achsel. Die Nägel an den Fingern waren starr und hart wie Stahl.

Da ward ein hohes Fest mit Freunden wieder in der Halle begangen, unter viel Gesang und Musizieren. Bei reichem Mahle und frohem Trinkgelage ging der Tag dahin. Beowulf und jedem, der mit ihm gekommen war, reichte der König zum Lohn viele edle Geschenke und Kleinode. Am Abend legten sich die Helden in großer Schar, wie sie es früher oft getan, zum Schlafen auf die Polster der Bänke, Schild, Helm und Panzer zu Häupten. Keiner gedachte weiteren Unheils. Doch Grendels Mutter, ein entsetzliches Weib, war voll ihres Leides und der Rache für den Sohn. Sie kam zu dem Saale, wo die Helden schliefen. Alles fuhr auf, als sie hereinschlich, manches Schwert ward gezückt; da

Deutschland

wollte sie fliehen, doch einen der Edelherrn ergriff sie noch, den liebsten Mann des Königs, und schleppte ihn zu sich in den Sumpf.

Von neuem erfüllte Klagen und Wehrufe die Burg, und erneut war die Sorge groß. Hrôdgâr hieß Beowulf kommen in sein Gemach, und trauernd sprach er zu ihm: „Alle Hoffnung, Held, liegt auf dir; obwohl du die Gegend, wo die Unholdin haust, nicht kennst, so suche sie doch auf, wenn du Mut hast, und rette uns." Beowulf antwortete: „Sei nicht in Kummer; auf, suchen wir Grendels Verwandte, ich verspreche dir, entkommen soll sie nicht, weder unter die Erde noch in den Wald, noch in das Meer." Da stieg der greise König auf sein Roß, und weit durch den Wald zog die Männerschar an den Vorgebirgen hin auf schmalen Pfaden, bis sie zwischen grausigen Föhren das trübe Gewässer fanden. Des in der Nacht gemordeten Helden Kopfpanzer lag auf einer Klippe, das Gewässer war voll Blut. Beowulf gürtete sich, um in die Tiefe zu tauchen, sein Panzer sollte ihn schützen, ebenso der blanke Helm mit dem Eberbilde. Ein Freund unter Hrôdgârs Leuten reichte ihm einen Dolch, der war mit Gift gezeichnet und im Blut gehärtet, eine Waffe, die noch niemals versagt hatte. Darauf stürzte sich Beowulf in die Tiefe des Wassers, und es währte lange, ehe er den Grund erreichte.

Die Unholdin spürte sein Nahen und schoß auf ihn zu, ergriff ihn und schleppte ihn in ihr Heim. Das war ein Gewölbe, um und um dicht verschlossen, Wasser konnte nicht herein, und ein Feuer flackerte hell. Der Held versetzte dem Meerweib einen Schlag, aber die Schneide des Stahles wollte nicht beißen. Zornig und ohne den Mut zu verlieren, warf er die Waffe von sich und packte nun Grendels Mutter an der Achsel und beugte sie zur Erde; doch schnell rächte sich das Weib und vergalt es ihm so, daß er hinfiel. Sodann setzte sie sich über den Helden, griff nach ihrem breiten Messer, und es wäre um ihn geschehen gewesen, wenn ihn nicht seine Brünne am Halse und der Sieg verleihende Gott geschützt hätten. Er sprang auf und erblickte in der Höhle an der Wand ein altes Schwert der Vorzeit, ein Werk der Riesen. Das ergriff er und hieb nach der Unholdin Hals; es faßte und drang ihr durch Mark und Bein, so daß sie tot zu Boden fiel. Die Helden, die am Ufer stan-

66

den, sahen den Blutstrom aufsteigen und fürchteten, die Riesin hätte den Helden umgebracht und sie würden ihn nimmer wiedersehen. Bis zum Nachmittag hatten sie gewartet; da wandte sich Hrôdgâr traurig heimwärts mit seinen Leuten.

Unterdessen schmolz die Klinge des Schwertes, das Beowulf gebraucht hatte, von dem giftigen Blut ihm von der Hand weg, wie Eis im Frühling. Nur den Griff behielt er und nahm von allen Kleinoden, die in der Höhle lagen, nichts weiter mit sich. Rasch tauchte er dann empor und schwamm ans Ufer; da gingen ihm seine lieben Genossen entgegen, die seiner noch angstvoll harrten. Sie freuten sich, ihn gefunden zu sehen, und sie zogen zur Halle, wo Hrôdgâr sie empfing. Am anderen Morgen schieden sie vom König; der Greis weinte, als er von Beowulf Abschied nahm, und reich beschenkte er sie nochmals alle. So kehrten sie zurück in ihre Heimat an Gaben reich und des Sieges froh. Von nun an diente Beowulf wieder bei Hygelâc, seinem König. Doch als dieser starb und sein Sohn erschlagen ward, fiel das große Königreich zu seinen Händen und er regierte es fünfzig Jahre.

Gegen Ende dieser Zeit kam ein Drache und verwüstete das Land weit und breit. Dreihundert Jahre hatte er in einer Höhle gewohnt und seine Schätze bewacht; da erzürnte ihn eines Tages ein Mann, der den Schatz entdeckte und ihm einen Goldbecher entwendete. Feuerspeiend brach er nun jede Nacht hervor, und durch die Luft fliegend verbrannte er die Häuser und die Saaten auf den Feldern. Nichts Lebendiges konnte sich vor dem Untier verbergen. Diese Kunde gelangte an Beowulfs Ohr, und auch sein eigenes Königshaus ging in Flammen auf.

Der greise König, den seines Landes Unglück dauerte, erhob sich und griff nach einem Eisenschild; er war entschlossen, den Wurm in seiner Höhle zu suchen. Sein Gesinde folgte ihm, als er zur Höhle des Ungetüms hinabschritt. Wutschnaubend fuhr der Drache heraus, und den Helden schützte der Schild weniger, als er gehofft hatte; auch sein Schwert hielt im Kampfe nicht lange aus. Der König ging dem Tod entgegen; die Genossen flohen bis auf einen, den jungen Wiglâf, Wihstâns Sohn; vergeblich ermahnte er sie zu bleiben. Dann drang er durch den

Deutschland

Qualm und trat seinem Herrn zur Seite; da kam der Lindwurm zum zweiten Male wütend hervor. Wiglâfs Schild verbrannte, und Beowulfs Schwert zerbrach bei dem neuen Hieb auf des Wurmes Haupt. Als er zum drittenmal herausfuhr, packte der Held den Drachen mit hartem Griff beim Hals, und Wiglâf hieb das Tier mit dem Schwerte, bis das Feuer nachließ. Alsdann zog Beowulf sein Messer, das er über der Brünne trug, und schnitt den Wurm mitten entzwei.

So fällten die beiden Edelleute den Feind, und der König konnte sich noch des Sieges freuen. Aber bald begannen seine Wunden zu brennen und zu schwellen, das Gift wütete in seinem Inneren. Wiglâf führte ihn auf einen Stein und labte ihn mit Wasser; doch Beowulf fühlte wohl, daß seine Tage abgelaufen waren und er nun die Frist seiner Erdenwonnen zu Ende getragen hatte. „Fünfzig Jahre war ich König des Volkes", sprach er, „ich achtete auf das Schickliche, regierte das Meine wohl, pflog nie tückische Bosheit, noch schwur ich Eid mit Unrecht. Froh kann ich meine Todeswunde beschauen. Aber eile, treuer Wiglâf, in den grauen Fels und hole den Schatz und die Kleinode, die der Drache besaß, daß ich nach dem Anblick des Reichtums mit Freuden sterbe." Wiglâf gehorchte seinem verwundeten Herrn. In der Höhle lagen zuhauf die wundervollsten Werke, Krüge und Schüsseln, Waffen und Zierrate. Mit solchen beladen eilte er zurück; da fand er den König überströmt von Blut ohne Bewußtsein liegen. Wieder besprengte er ihn mit Wasser, bis dieser zu sich kam und sprach: „Für alle Kleinode, die ich schaue, sage ich dem Herrn, dem ewigen Fürsten, Dank. Solcher Reichtum wird nach meinem Tode meinem Stamme in der Not förderlich sein. Ich muß von hinnen. Laßt mir auf dem Vorgebirge den Leichenhügel errichten nach dem Brande, einen hohen Hügel, den die Seefahrer über der Fluten Dunkel fern hintreibend Beowulfs Hügel nennen werden." Von seinem Halse nahm er einen Goldring und reichte ihn Wiglâf. „Du bist der Letzte meines Geschlechts, alle meine Verwandten, die Edlen, sind dahingerafft; ich folge ihnen nach." Dies war das letzte Wort des Greises.

Wiglâf saß in Trauer lange bei der Leiche, dann wusch er sie mit Wasser und sandte hinauf in die Burg nach den Edelsten des Landes,

Europa

daß sie den Helden bestatten hülfen. Einen Scheiterhaufen schichteten sie, einen großen, helmbehangenen; darauf legten sie den teuren Herrn und begannen, das größte Leichenfeuer anzuzünden. Dann bauten sie an dem Orte den Hügel, einen hohen und breiten, wie der Fürst es gewünscht hatte. Dahinein taten sie der Ringe viele, edle Steine und aller Art Rüstzeug, wie sie es aus dem Schatze genommen hatten; da liegt er nun noch, unnütz wie einst. Zwölf der Edelleute ritten sodann um den Leichenhügel und fanden zu einem Kreise; dort rühmten sie des Helden Taten, sagten, daß er von allen Königen der Welt der freigebigste gewesen sei und der freundlichste, dem Volke der mildeste, und nach Edlem begierig.

*Quelle: Henßen, Gottfried: Sang und Sage am Rhein. Essen, 1935

*Siebengebirge**
Siegfried und Mime

Zuordnung: Lindwurm

Als Siegfried noch ein halber Knabe war, verließ er die väterliche Burg zu Xanten und wanderte rheinaufwärts. Am Siebengebirge kam er zu der Schmiede Mimes; der war weithin als kunstfertiger Mann bekannt. Der junge Held bat, als Lehrling bleiben zu dürfen. Der Meister freute sich des starken Burschen und willigte gern darin ein; aber schon am nächsten Tage bereute er es; denn Siegfried schlug den mächtigen Amboß in den Grund und die stärksten Eisenstangen in Stücke.

Im nahen Walde hauste der Bruder Mimes, ein Drache. Ihm sandte der Meister Botschaft, er möge den Knaben töten, den er ihm schicken werde. Am nächsten Tage erhielt Siegfried den Auftrag, im Walde Kohlen zu brennen; auch gab man ihm Speise für neun Tage mit, dazu eine Axt. Als er an Ort und Stelle ankam, fällte er zunächst einige Bäume; dann machte er ein loderndes Feuer und verzehrte den ganzen Vorrat, den er mitgebracht hatte.

Gerade wollte er sich an die Arbeit begeben, da schoß mit lautem Getöse der furchtbare Drache heran; aber Siegfried riß eilends einen noch brennenden Baum aus dem Feuer und schlug ihn damit nieder. Dann hieb er ihm mit der Axt den Kopf ab. Als er neugierig von dem Drachenblut kostete, verstand er auf einmal die Sprache der Vögel. Die rieten ihm, den verräterischen Mime zu töten; doch solle er zuvor sich in dem Drachenblut baden, damit er unverwundbar werde.

Der Held folgte ihrem Geheiß und bestrich sich mit dem Blut des Untieres. Nur zwischen den Schultern nicht, dorthin war ein Lindenblatt gefallen. Dann zog er frohgemut zur Schmiede zurück. Als die Gesellen ihn sahen, flohen sie. Mime trat ihm mit gleisnerischer Freundlichkeit entgegen. Da erschlug Siegfried den falschen Schmied, eilte den Knechten nach und tötete auch sie. Darauf schmiedete er sich ein Schwert und zog neuen Abenteuern entgegen.

70

Eine ganz ähnliche Version dieser Geschichte gibt es auch in der Edda, dem nordischen Sagenzyklus:

Fafnir

Über Fafnir sind viele unterschiedliche Erzählungen bekannt, eine lautet wie folgt:

Vor langer Zeit, hoch oben im Norden, lebte ein Zwerg mit dem Namen Fafnir. Jedes Jahr tötete er viele Otter, um ihre Pelze den Göttern zu opfern. Für seinen Jagderfolg erhielt Fafnir sehr viel Gold von den Göttern. Doch im Laufe der Zeit wurde Fafnir durch das viele Gold geizig und habgierig. Er hortete das Gold und bewachte es Tag und Nacht. Seine Gier wurde Fafnir zum Verhängnis. Denn ohne daß er es selbst bemerkte, verwandelte er sich durch seine Gier ganz allmählich von einem Zwerg in einen bösen Drachen.

Fafnirs Bruder Regin wußte nicht mehr ein noch aus. Sein Bruder, der nun ein Drache war, wurde immer gefährlicher. So kam es, daß Regin den Helden Sigurd Volsung bat, seinen Bruder Fafnir zu töten. Beide wußten, daß die einzige verwundbare Stelle des Drachen sein ungeschützter Bauch war. Der übrige Drachenkörper hatte dicke Schuppen, die ihn unverwundbar machten. Regin und Sigurd hatten die Idee, ein Loch in die Erde zu graben und sich darin zu verstecken. Als Fafnir nichtsahnend über ihr Versteck lief, stach Sigurd mit seinem Schwert Gram nach oben zu und durchbohrte den Bauch, die ungeschützte Stelle des Drachen.

Fafnir starb an seinen Verletzungen. Regin trennte das Herz seines Bruders aus dem Drachenkörper heraus und kochte es, dann reichte er es Sigurd. Als dieser das heiße Herz berührte, verbrannte er sich die Finger. Er steckte sich seine Finger in den Mund, um den Schmerz der Brandwunde zu lindern. Doch an seinen Fingern hing ein winziges Stückchen des gekochten Herzens. Als Sigurd es schluckte, konnte er plötzlich die Sprache der Vögel verstehen. Die Vögel redeten mit Sigurd und warnten ihn vor Regin. Die Vögel verrieten Sigurd, daß Regin nur Fanfnirs Gold wolle und die Absicht habe, auch Sigurd zu töten. So

kam Sigurd Regin zuvor und erschlug ihn. Sigurd hatte nun das Gold für sich allein. Er packte es auf sein Pferd Granni und ritt davon.

Syrau in Sachsen
Der Lindwurm von Syrau

Zuordnung: Lindwurm

Es mag wohl schon sehr lange hersein, da hauste im Walde von Syrau ein schrecklicher Lindwurm. Der Drache überfiel meuchlings Mensch und Vieh, wie es ihm gerade in den Weg kam. Da sich die Syrauer in ihrer Not nicht anders zu helfen wußten, schlossen sie mit dem Lindwurm einen Pakt, daß er alle Wanderer, die die Straße durch den Wald zögen, fressen dürfe, die Syrauer aber müsse er verschonen.

Die Straße war nach kurzer Zeit in der ganzen Gegend verrufen, kein Mensch betrat sie mehr, und der Lindwurm mußte bald Hunger leiden. Da wollte der Drache vom Vertrag nichts mehr wissen und zerriß die Menschen wie zuvor. In Syrau wurde die Kirche nicht leer. Tag und Nacht flehten die Bewohner des Dorfes den Himmel um Hilfe an und hofften, der heilige Ritter Georg werde den Lindwurm töten. Doch der Helfer zeigte sich nicht. Es kam so weit, daß die Syrauer sich verpflichten mußten, dem Lindwurm täglich einen Menschen auszuliefern. Ein alter, kranker Mann gab freiwillig sein Leben dahin. Weil aber sonst niemand dazu bereit war, wurde gelost, wer das nächste Opfer sein sollte.

Einige Leute hatten schon an den schrecklichen Tod glauben müssen, da fiel das Los auf des reichsten Bauern einzige Tochter. Sie war sehr beliebt im Dorf, und überall herrschte großer Jammer über ihr trauriges Schicksal. Das Mädchen hatte aber einen Bräutigam, der den Kopf nicht hängenließ.

Am nächsten Morgen führten die Syrauer das Mädchen auf die Straße hinaus. Aber wie staunten sie! Vom Walde her näherte sich ein Mann, der eine Heugabel trug und den schuppigen Leib des Lindwurms

72

hinter sich herschleifte. Es war des Mädchens Liebster, der in der Nacht das Untier beschlichen und im Schlaf getötet hatte. Wie freute sich da ganz Syrau!

Zum Gedächtnis an die wackere Tat des Burschen bauten die Syrauer eine Kapelle „Unserer Lieben Frau". Die Glocke, die damals in dieser Kapelle erklang, hängt noch heute im Glockenturm zu Syrau.

73

Der Basilisk von Torgau

Zuordnung: Basilisk

Vor vielen Jahrhunderten hauste in einem Brunnen der Stadt Torgau an der Elbe ein schrecklicher Basilisk. Er verpestete mit seinem giftigen Hauch das Wasser aller Brunnen der Stadt. Die Ratsherren setzten hohe Belohnungen aus für den, der die Stadt von dem Ungeheuer befreie.

Endlich meldete sich ein Verbrecher, der in der Stadt gefangengehalten wurde und zum Tode verurteilt war. Er hatte einmal in einem Zauberbuch gelesen, wie man Basilisken bekämpfen konnte. Vorerst behängte er sich mit mehreren Spiegeln, einen nahm er in die Hand und hielt ihn nach unten. Dann ließ er sich eine lange Leiter bringen und stieg in den Brunnen hinab.

74

Europa

Als der Basilisk sein eigenes Bild im Spiegel erblickte, glaubte er, es sei noch ein zweites Ungeheuer im Brunnen, und ärgerte sich so sehr, daß er vor Wut und Neid platzte. Torgau aber war von diesem Augenblick an von dem Übel befreit. Der Verbrecher wurde freigelassen.

Zum Andenken an die böse Zeit, die das Ungeheuer über die Stadt gebracht hatte, ließ man im Keller des Rathauses sein Bild in Stein hauen. Dort ist es noch heute zu sehen.

Travemünde*
St. Jürgen vor Travemünde

Zuordnung: Wasserdrachen

In uralten Zeiten hauste in der sogenannten Eichenbucht vor Travemünde ein greulicher Wassermann, er hieß Roggenbuk. Er pflegte auf einer Harfe von Totenknochen zu spielen, und wer das hörte, konnte nicht widerstehen, sondern sprang ins Wasser und in seine Arme. Der Wassermann aber brach ihm die Gebeine auseinander und suchte sich die besten für sein Spiel heraus, denn er konnte es nicht vollkommen genug kriegen; den Leib gab er seinen Fischen und Seeungeheuern.

Nun wollte endlich keiner von dem Volk mehr vorüberziehen, und auch kein Fremder Schiffer landete mehr, sondern alle gingen anderswohin, dem Land zu großem Schaden. Endlich ward eine alte weise Frau mit dem Riesen einig, daß er zufrieden sein wolle, wenn man ihm alle Jahre zum Mittsommer eine reine Jungfrau opfern würde. So geschah es denn, daß das Opfer an den Ort gebracht ward, wo jetzt das Eichenhaus steht, mit Blumen geschmückt und mit neuen Weidenzweigen gebunden. Dann kam der Wassermann, betörte durch sein Spiel ihre Sinne und verschwand mit ihr unter das Wasser. Die Leute aber hatten in dem Jahre Ruh, sofern sie ihn nicht neckten.

**Quelle: Deecke, Ernst: Lübische Geschichten und Sagen. Lübeck, 1911

Deutschland

So war es schon manches teuere Jahr gewesen, als auch einmal das Opfer, ein schönes und frommes Mädchen, mit Klaggesang hinausgeführt ward. Da sprengte von der Höhe herab ein leuchtender Ritter auf weißem Roß, das Banner des Kreuzes in seiner Hand. Und als er die Traurigkeit sah und erfuhr, was im Werke sei, erbot er sich, sofern man ihm ein Haus und Almosen verspreche, das Land von dem Ungetüm zu befreien. Mit Freuden willigte das Volk ein; er aber ließ alle nach Hause gehen, auf daß sie nicht durch des Wassermanns Tücke betört würden.

Nun sprach er dem Mädchen, das in Todesangst zitterte und bebte, Trost zu und lehrte ihm den rechten Glauben und taufte es im Namen des Herrn. Alsbald wogte das Meer auf, und der Wassermann kam als scheußlicher Lindwurm daher, beide zu verschlingen. Der Ritter aber schwang sich auf sein weißes Roß, sprengte ihm entgegen und stieß ihm sein leuchtendes Banner tief in den Rachen. Da ließ das Ungetüm mit schrecklichem Stöhnen sein Leben, und der Ritter band die ohnmächtige Jungfrau los. Als sie sich wieder besonnen hatte, befahl er ihr, daß die Leute an der Stelle des Lindwurms Todes ein Haus errichten und unterhalten sollten für die elenden Siechen, die sie bisher nach des Ortes Gebrauch totzuschlagen pflegten.

Als die Menge auf des Mädchens Zurufen herbeikam, war der Ritter verschwunden. In Eile baute man nun ein für die Zeit stattliches Haus und bildete daran ab, wie der Ritter das arme Opfer befreit. Den Drachen aber fuhr man hinaus ins Meer und senkte ihn in die Tiefe. Da ist er zu einem Stein worden, den die Fischer noch immer Roggenbuk nennen. Er treibt langsam zurück, und kommt er eines Tages wieder an das Haus in der Eichenbucht, so soll es der Stiftung schlecht ergehen. Doch das wird der liebe Gott in Gnaden verhüten.

Der Drache von Worms

Zuordnung: Lindwurm

Einst lag ein riesiger Drache vor den Toren von Worms und verheerte hier alles Land. Sein Rachen, der von giftigen Zähnen starrte, spie Feuer, und seine Augen glichen zwei schrecklich blitzenden Karfunkelsteinen. Wer ihn sah, den bannte die Angst. Nachts hörte man sein hungriges Gebrüll.

Der Versuch, das Untier mit gewaltigen Steinen, die man mittels einer Schleudermaschine auf ihn warf, zu töten oder wenigstens zu vertreiben, mißlang. Einige von den mutigsten Männern, die sich bei der entstehenden Hungersnot vorsichtig aus der Stadt begaben, um von den Feldern und aus den Gärten einige Frucht zu holen, kamen ums Leben. Dabei stellte sich aber heraus, daß der Drache sich jedesmal, wenn er einen Menschen verschlungen hatte, auf kurze Zeit verzog. Und da nun die Wormser die Wahl hatten, entweder alle miteinander zu verhungern oder von Zeit zu Zeit einige von den Ihrigen zu opfern, wählten sie das letztere. Stets ließen sie von neuem durch das Los bestimmen, wer dem Drachen vorgeworfen werden sollte.

So ging das einige Zeit, dann aber entstand Unruhe in der Stadt, denn, so murrten die Leute, man liefere die Armen dem Tode aus, während die Vornehmen und Reichen das Los nicht zu ziehen brauchten. Das kamd er Königin von Worms zu Ohren, deren Gatte verstorben war. Sogleich trat sie vors Volk, gab den Armen Recht und bestimmte, daß hinfort alle das Los ziehen mußten und daß auch sie selbst davon nicht verschont bleiben wollte.

Nun gab es damals in der Stadt drei Brüder, die riesenhaft groß waren und das Handwerk der Messerschmiede betrieben. Diese waren schon seit vielen Monden dabei, einen stahlharten Panzer zu schmieden und diesen geradezu igelhaft mit zahlreichen haarscharfen Klingen

*Quelle: Gath, Peter Goswin, Rheinische Sagen von der Quelle bis zur Mündung. Köln und Krefeld 1949

Deutschland

zu besetzen. Zu diesem verfertigten sie ein großes Schwert, das die kräftigsten Männer von Worms kaum aufzunehmen vermochten. Und als eines Tages die Königin vom Los getroffen wurde, dem Drachen ausgeliefert zu werden, da trat einer von den Brüdern vor sie hin und sagte, er werde an ihrer Stelle hinausgehen und sogar den Drachen zu erlegen versuchen, wenn sie verspreche, nach siegreich bestandenem Kampf seine Frau zu werden. Hierin willigte die Königin ein. Da zog der Kämpe den mächtigen Panzer an und schritt, das gewaltige Schwert in der Hand tragend, durchs Tor ins Freie hinaus.

Draußen wartete er, im Sonnenschein blitzend und schimmernd, bis der Drache auf ihn zugeschossen kam. Wie aber entsetzten sich alle, die auf den Mauern standen und den Kampf erwarteten, als sie sahen, daß der Mann sich gar nicht verteidigte, sondern im Nu von dem grausen Untier verschlungen wurde! Gleich darauf jedoch erlebten sie etwas ganz anderes; denn da richtete sich der feuerschnaubende Wurm plötzlich brüllend auf, schlug rasend mit den Tatzen um sich, fiel wieder hin in den Staub und wälzte sich grauenhaft ächzend und röchelnd darin, bis er endlich verzuckte und bewegungslos dalag. Zugleich aber sah man, wie der ungeheure Leib des toten Tieres mit einemmal aufklaffte und aus der entstandenen Öffnung, immer noch sein jetzt blutiges Schwert tragend, der panzerstarrende Riese trat. Der schlug dem Drachen das Haupt ab und kehrte dann, von allem Volk mit lautem Jubel begrüßt, in die Stadt zurück.

Es gab ein großes Fest, und die Königin vermählte sich dem siegreichen Kämpfer, der von allen Adligen und Bürgern sofort zum König ausgerufen wurde. Auch hat man die Stadt hinfort nach dem schrecklichen Wurm „Worms" genannt und am Rathaus ein Bild angebracht, das die drei Brüder, den Drachen und die Königin mit ihrer Krone darstellte.

Frankreich

Der Drachenprinz

Zuordnung: Klassischer Drache

In der besten Zeit des Mittelalters feierte man an den Höfen der Fürsten und Könige die reichsten Feste. Minnesänger und Geschichtenerzähler waren gern gesehene Gäste bei Hofe, wußten sie doch stets das Neuste aus fernen Ländern zu berichten. Besonders am Hofe der Eleonore von Aquitanien waren die Troubadoure geschätzt. Dort trugen die besten Poeten jener Zeit ihre Künste vor.

Einmal in jedem Jahr wurde an Eleonorens Hof ein Wettstreit ausgetragen, der den besten Poeten auszeichnen sollte. Der Gewinner wurde besonders geehrt und sein Name im ganzen Lande bekanntgegeben. In einem Jahr geschah es jedoch, daß ein unbekannter Fremder den Wettstreit als bester Troubadour gewann, und obwohl ihn Eleonore persönlich bat, preiszugeben, wer er sei, blieb der junge Mann verdeckt. Niemandem verriet er, wer er wirklich war.

Schnell wurde der Fremde zum Liebling der Hofdamen. Doch ganz besonders verehrt wurde der Ritter von der Tochter des Grafen von Foix. Griselda, so hieß die junge Schönheit, verliebte sich unsterblich in den ritterlichen Poeten. Bald konnte sie nicht anders, als ihm ihre Liebe zu gestehen. Auch der Troubadour war von der schönen Grafentochter angetan und versprach ihr, sie heimlich zu heiraten. Doch sie müsse ihm zuvor versprechen, niemals zu versuchen, sein Geheimnis zu lüften, und ihn auch niemals danach zu befragen. In ihrer großen Liebe war es der jungen Frau ein leichtes, dem Verehrten alles zu versprechen, konnte sie nur auch seiner Liebe sicher sein.

Eines Nachts, noch im Schloß ihres Vaters, schlief Griselda in den Armen ihres Geliebten ein. Als sie wieder erwachte, traute sie ihren Augen nicht. Sie befand sich plötzlich in einem völlig fremden, aber wunderschönen Saal. Der junge Troubadour lächelte, nahm seine Ge-

79

80

Europa

liebte in den Arm und erklärte ihr, daß sie sich nun in seinem Schloß befinde. Alles, was ihm gehöre, sei jetzt auch das Ihre. Die gesamte Dienerschaft stehe für sie bereit und werde ihr jeden Wunsch erfüllen. Es war ein reiches Anwesen, die Kammern voller Gold, und in den Ställen wieherten die temperamentvollsten Pferde. Alles, wonach sie begehrte, würde sie erhalten. Doch erinnerte sie der Edelmann an ihr Versprechen, niemals nach seinem Geheimnis zu suchen.

Der jungen Edelfrau ging es prächtig. Sie fühlte sich wie im Paradies und war mit allem glücklich und zufrieden. Doch nach ein paar Monaten wurde die Neugier der schönen Frau immer größer. So schlich sie eines Tages ihrem Gemahl hinterher und öffnete jene unverschlossene Tür, die er ihr verboten hatte, jemals zu durchschreiten. Entsetzt von dem, was sie zu Gesicht bekam, ließ sie einen Schrei los. Der Prinz hatte sich in einen großen Drachen mit grün leuchtenden Schuppen verwandelt. Sofort bemerkte er den Verrat, den seine Frau begangen hatte. Enttäuscht verbannte er sie von seinem Schloß und brachte sie wieder zurück in das Schloß ihres Vaters.

Griselda bereute ihren Fehler schwer. Sie litt an ihrem gebrochenen Herzen und an der Sehnsucht nach ihrem geliebten Prinzen. Lange nach ihrem Tod fand man die Tagebücher der armen Griselda, in die sie all ihre Erlebnisse und Abenteuer mit dem Drachenprinzen für uns niedergeschrieben hatte.

Der Guivre

Zuordnung: Schlangendrache

Der Guivre ist ein schlangenartiger Drache, der auf seinem Drachenkopf ein paar Hörner trägt. Verschiedene Exemplare seiner Art suchten im Mittelalter ganz Frankreich heim, wohnten dort in Wäldern, Flüssen, Bächen und Brunnen. Sein Atem vergiftete jeden, der ihn einatmete. Seine fauligen Dämpfe verursachten Krankheiten und Seuchen und drohten das französische Volk auszurotten.

Frankreich

Eines Tages machte ein Bauer eine rettende Entdeckung: Verschwitzt und müde badete er an einem warmen Nachmittag nach der Feldarbeit nackt im Fluß. Da schlängelte sich ein Guivre bedrohlich an ihn heran. Als er jedoch sein schreckliches Maul öffnen wollte, um zum tödlichen Biß anzusetzen, sah er, daß der Bauer nackt war. Wider Erwarten schreckte der Drache zurück und wurde rot. Er wandte seine Augen von dem nackten Bauern ab und verschwand fluchtartig.

Seitdem wurde kein Mensch mehr getötet, denn die Menschen wußten nun, daß der Anblick eines nackten Körpers den Drachen vertrieb. Bald darauf verschwand der Guivre aus Frankreich. Man weiß nicht, ob er ausgestorben ist oder in kältere Gefilde auswanderte, wo die Menschen nicht nackt im Freien baden.

82

Der Drache Jilocasin

Zuordnung: Klassischer Drache

Es war die Zeit, in der Karl der Große über ein gewaltiges Reich herrschte. Ein Gebiet in diesem Reich war die heutige Gascogne. Dort lebte zu jener Zeit ein alter und weiser Drache, der die Menschen sehr liebte. Deshalb verwandelte er sich oft und nahm die Gestalt eines Menschen an, in der er den Hof des Königs besuchte. Mit Vorliebe widmete er sich dort der Kunst und den Poeten. In großer Meisterschaft trug er seine eigene Kunst als Troubadour vor und maß sich mit den anderen Künstlern und Denkern. Nach dem Ende eines jeden dieser Feste kehrte er glücklich wieder zurück in die Gascogne, wo er sich der Dichtkunst und den Wissenschaften widmete.

Eines Tages, als er wieder in Menschengestalt durch die Wälder der Gascogne streifte, um die herrliche Natur zu genießen, wurde er durch verzweifelte Schreie aufgerüttelt. Sofort ging er dem Hilferuf nach und entdeckte eine hilflose Frau, die gerade von einem Räuber überfallen wurde. Jilocasin verwandelte sich zurück in seine Drachengestalt und verjagte den Räuber. Die arme Frau jedoch verlor aufgrund ihrer Verletzungen das Bewußtsein und fiel ohnmächtig zu Boden. Da nahm der Drache die verletzte Frau auf seinen Rücken und flog mit ihr in sein gutgeschütztes Heim.

Die teure Kleidung der Dame ließ vermuten, daß es sich um eine Edelfrau handelte. Der Diener des guten Drachen versorgte ihre Wunden, doch als er das Bündel, das sie auf ihre Brust gebunden hatte, öffnete, entdeckte er einen friedlich schlafenden Säugling, der nur wenige Tage alt war.

Als die Dame wieder zu Kräften kam, nahm Jilocasin wieder Menschengestalt an und besuchte seinen Schützling. Die junge Edelfrau war sehr dankbar für die Rettung ihres Lebens und dessen ihres Kindes. So begann sie, dem Drachen in Menschengestalt ihre Geschichte zu erzählen.

Frankreich

Sie war einst glücklich verheiratet gewesen. Doch schon nach wenigen Ehejahren verstarb ihr treuer Gemahl, sie wurde Witwe. Ihre Familie überredete sie, bald wieder zu heiraten, und zwar ihren Cousin. Obwohl

Europa

sie keine Liebe zu ihm verspürte, willigte sie ein, ihn zu heiraten. Noch bevor die Trauerzeit vorbei war, wurde ihre Hochzeit mit dem Ruchlosen gefeiert, der nur auf die Titel und Reichtümer des Verstorbenen aus war. Doch die Edelfrau war von ihrem ersten, geliebten Manne schwanger. Der neue Gemahl und Cousin ahnte nicht, daß sie ein Kind unter ihrem Herzen trug. Als er aber schließlich von der Schwangerschaft erfuhr, faßte er den Plan, das Kind so schnell wie möglich zu töten. Sechs Monate nach der Hochzeit wurde das Kind geboren, und der Stiefvater bereitete alles vor, um seinen gemeinen Mord auszuführen. Die arme Edelfrau jedoch hatte davon erfahren und floh vor ihrem Cousin und seinen Häschern. Nur um Haaresbreite war es ihr gelungen, das eigene Leben und das des Kindes zu retten – und das nicht zuletzt aufgrund des Beistands Jilocasins, der ihr im Augenblick äußerster Not zu Hilfe gekommen war.

Als Jilocasin die traurige Geschichte hörte, hatte er großes Mitleid mit der Frau. Deshalb versprach er ihr Schutz und Unterkunft in seinem Heim. Im Laufe der Zeit kamen die beiden sich sehr nahe und begannen, sich zu ehren und zu lieben. Die gerettete Edeldame kannte bald das Geheimnis um die wahre Gestalt Jilocasins, doch sie vertraute ihm dennoch. Nichts konnte die beiden mehr auseinanderbringen. Beide waren glücklicher, als sie es je zuvor gewesen waren. In Menschengestalt streifte Jilocasin mit seiner geliebten Edeldame durch die herrliche Landschaft und in Gestalt des Drachen nahm er sie auf sein Rücken, so daß sie die entferntesten Länder besuchen konnten.

Nach drei Jahren wurde ihr Glück noch größer, denn die Geliebte des Drachen erwartete ein Kind von ihm. Sie freuten sich riesig auf den erwarteten Sohn. Doch es war eine schwere Geburt, und trotz aller Künste Jilocasins verstarb die Frau im Kindbett. Voll Trauer nahm Jilocasin den neugeborenen Sohn in seine Arme.

Immer seine geliebte und verständnisvolle Frau im Herzen, versorgte und erzog Jilocasin die beiden Söhne. In seiner Güte und Liebe machte Jilocasin keinerlei Unterschied zwischen seinem leiblichen und dem angenommenen Sohn. Beide lehrte er alle Regeln des Lebens, die Kunst der Poesie und der Ritterschaft. So wurden die jungen Männer schließ-

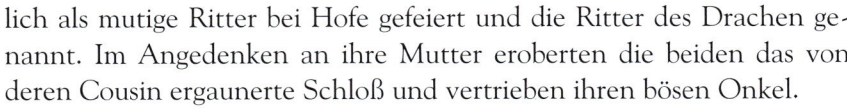

lich als mutige Ritter bei Hofe gefeiert und die Ritter des Drachen genannt. Im Angedenken an ihre Mutter eroberten die beiden das von deren Cousin ergaunerte Schloß und vertrieben ihren bösen Onkel.

Mont Blanc
Der Drache von Mont Blanc

Zuordnung: Klassischer Drache

Zur Zeit, als die alte keltisch-germanische Religion noch lebte und es nur wenige Christen gab, war die Stadt Mont Blanc ein Örtchen blühenden Handels, das von einem weisen und gütigen König regiert wurde. Alle waren zufrieden, nur die alten Priester runzelten die Stirn, denn die Bürger vergaßen oft, den Göttern zu dienen und zu opfern.

Eines Tages nun, mitten in einem herrlichen Sommer, erschien ganz unverhofft ein riesiger Drache. Er erhob sich aus dem Fluß, dessen Untiefen ihm zum Schutze dienten, und sprach mit einer ruhigen, fast schon melodischen Stimme zu den zu Tode erschrockenen Bürgern: „Gebt mir jeden Monat eine Jungfrau aus eurem Volk. Dann, so verspreche ich euch, werde ich niemandem Schaden zuzufügen. Verweigert ihr mir meinen Wunsch", so brauste er, „werde ich euer Vieh auffressen und eure Höfe und Häuser zerstören!"

Voller Furcht und Schrecken rannten die Leute zu ihrem geliebten König und baten um Hilfe. Doch der König war ratlos. Der Macht des Drachen hatte auch er mit seiner Weisheit wenig entgegenzusetzen. So waren alle gezwungen, dem Wunsch des Drachen nachzugeben. Die Menschen opferten von nun an wieder den Göttern und flehten um Hilfe und Erlösung. Doch nichts geschah! Monat für Monat tauchte der Drache auf und forderte sein Unterpfand, eine schöne Jungfrau. Viele Mädchen flohen aus der Gegend, die anderen warfen sich an den Hals des nächstbesten Mannes, um ihre Jungfräulichkeit zu verlieren und der Gefahr des Drachen zu entkommen.

87

Frankreich

Nur noch wenige blieben schließlich übrig. Das Los entschied, und die Mädchen hatten keine Chance, ihrem traurigen Schicksal zu entkommen. Schließlich blieb nur noch die Tochter des Königs übrig. So mußte auch sie gehen. Mutig bereitete sie sich am Abend vor ihrer Opferung auf ihr Schicksal vor. Sie kniete sich vor ihr Lager und begann zur Heiligen Jungfrau Maria zu beten, denn erst vor kurzem war die Königstochter zum christlichen Glauben übergetreten.

Am nächsten Morgen war es soweit. Die Tochter des Königs zog ihr bestes Kleid an und schmückte sich mit einer Krone aus frischen Blumen. Dann verabschiedete sie sich von ihren weinenden Eltern und den Bürgern der Stadt. Mutigen Schrittes marschierte die junge Frau dem Drachen und somit ihrem Schicksal entgegen.

Plötzlich aber stürmte wie aus dem Nichts ein Ritter in silberner Rüstung und mit silbernen Waffen auf seinem schneeweißen Hengst hervor, geradewegs auf den Drachen zu. Der purpurrote Mantel wehte im Wind, und der Schild mit seinem roten Kreuz auf goldenem Grund strahlte wie eine Sonne. Von der Entschlossenheit und der Kraft des Ritters beeindruckt, zog sich der Drache zurück und legte sich friedvoll und sich ergebend auf die Erde nieder. Dann sprach der Ritter zur Königstochter: „Edle Jungfrau, mein Name ist Georg. Seht, ich bin ein Ritter Christi. Unter seinem Schutze reite ich. Da Ihr zur Jungfrau Maria und unserem Heiland betetet, konnte ich Euch zu Hilfe eilen! Nehmt Euren Gürtel, legt ihn um den Hals des Drachen und führt ihn zur Stadt. Er wird ohne Widerstand folgen und sich führen lassen."

Die gerettete Königstochter tat, was der Ritter verlangte, und tatsächlich folgte ihr der Drache bis zu den Toren der Stadt. Die Priester eilten herbei und rühmten sich, daß die alten Götter geholfen hätten. Doch der Ritter winkte ab und forderte die Menschen auf, sich allesamt zum Christentum zu bekehren, denn dann würde niemals mehr ein Unglück über Stadt, Land und Leute kommen. Der Ritter schlug das Zeichen des Kreuzes über den Drachen. Sofort verwandelte der sich in einen rot blühenden Rosenbusch. Und heute noch gilt die rote Rose als Zeichen der Erinnerung an den heiligen Georg, der die Menschen von dem Drachen errettet hat.

Rouen in der Normandie
Gargouille

Zuordnung: Schlangendrache

Anno 520 tauchte eines Morgens ein riesiger wasserspeiender Schlangendrache aus der Seine auf und überschwemmte mit einer riesigen Flutwelle das Land ringsherum. Er hatte eine schlanke Schnauze und ausgeprägte Augenbrauen und wie Mondsteine leuchtende Augen, sein schuppenbedeckten Kopf saß auf einem langem Nacken, der in einen Körper mit graugrünem kammuschelartigem Panzer und ein Paar Membranflossen überging. Von diesem Tag an erschien das Ungeheuer regelmäßig und überspülte Äcker und Wiesen (Gargouille = Gurgler). Viele Menschen ertranken in den Fluten oder wurden vom Drachen gefressen. Das Land drohte zugrunde zu gehen.

Da entschied sich der Erzbischof von Rouen, St. Romain, dem Schrecken ein Ende zu bereiten und das Land vor der vollständigen Zerstörung zu bewahren. Mutig entschied er sich, dem Drachen gegenüberzutreten, und begab sich an die Drachenhöhle am Ufer der Seine. Auf seine Bitte an die geplagte Bevölkerung, ihm Beistand zu leisten, meldete sich niemand. Also nahm er einen Gefangenen mit, der zum Tode verurteilt war und nichts mehr zu verlieren hatte.

Die beiden mutigen Männer hatten gerade die Höhle erreicht, als auch schon der schreckliche riesige Drache erschien. Er bäumte sich vor ihnen auf, um sie mit seinem tödlichen Wasserschwall aus seiner Gurgel hinwegzuspülen. Aber als der Gargouille im Begriff war, das Wasser auszuspeien, ging St. Romain festen Schrittes auf die Bestie zu und legte seine beiden Zeigefinger in Form eines Kreuzes übereinander. Sofort sank das Ungeheuer wie ein braves Hündchen zu Boden, und ein harmloses Rinnsal sickerte aus seinem Maul. Der Drache war wie verwandelt und ließ sich sogar die Stola von St. Romain um den Nacken binden.

So führte ihn dann der zum Tode verurteilte Gefangene nach Rouen. Dort versammelte sich die erstaunte Bevölkerung, und der

Gargouille wurde zu einem Häufchen Asche verbrannt, die dann in die Seine geworfen wurde. Noch heute erinnern wasserspeiende Figuren an Kirchen und anderen Gebäuden an den gefährlichen Gargouille.

Tarascon
Tarasque

Zuordnung: Wasserdrache
Tarasque war ein weiblicher Drache und die Tochter von Leviathan, dem biblischen Meeresdrachen bzw. Dämon, und Onachus, einer Riesenschlange. Tarasque versetzte ganz Südfrankreich in Angst und Schrecken. Eines Tages kam sie aus dem Meer hervor und entschloß sich, in der Rhone zu leben. Viele tapfere Helden mußten bei dem Ver-

Europa

such sterben, den Drachen zu töten. Nach 21 Jahren erfolglosen Kampfes besuchte die heilige Martha das von Tarasque terrorisierte Gebiet. Nur mit einer Schale voll Weihwasser und dem Heiligen Kreuz bewaffnet, konnte sie den Drachen in Schach halten, so daß es den Anwohnern gelang, den weiblichen Drachen zu erlegen. Zur Erinnerung und zum Dank bauten die Menschen dort eine Kirche, die der heiligen Martha geweiht wurde. Seither heißt der Ort dieser Ereignisse Tarascon.

Eine andere Erzählung lautet:

Im tiefen Mittelalter machte in Südfrankreich ein riesiger blauer Wasserdrache mit dem Namen Tarasque von sich reden. Er hatte Schuppen aus poliertem Eisen und bewohnte einen See, irgendwo in Meeresnähe. Die Einwohner der Gegend fürchteten sich sehr vor dem Drachen. Jedes Jahr kroch er aus seinem See heraus und verschlang eine Jungfrau. Niemand wagte es, sich dem Drachen gegenüberzustellen, gegen ihn zu kämpfen oder ihn auch nur anzusprechen und zu befragen, ob man ihn auf irgendeine Art und Weise besänftigen könne.

In ihrer Not und Unbeholfenheit schickten die Dorfbewohner einen Boten zum König von Frankreich, um von ihm Hilfe zu erbitten. Doch der König scherte sich wenig um die Sorgen dieser Bauern, war er doch genug mit den Intrigen an seinem Hof beschäftigt. Es ging weder um einen Schatz noch um eine Königstochter, deren Errettung lohnen würde. So hatte auch auch keiner der edlen Ritter Interesse daran, sich für das Dorf einzusetzen.

So wurden die Menschen des Dorfes allein gelassen, und sie berieten sich schon, ob es gar das beste sei, ihre Häuser und das Dorf zu verlassen. Als während der Beratungen die Worte am heftigsten flogen, kam die heilige Martha des Weges. Diese junge Frau war für ihre Gutherzigkeit und Hilfsbereitschaft in der gesamten Gegend bekannt und verehrt. Die Ratsmitglieder waren mehr als glücklich, als sie die Heilige entdeckten. Denn was konnte sie anderes sein, als eine Botschaft des Himmels? Und so baten sie sie inbrünstig um ihre Hilfe. Die heilige

Frankreich

Martha sagte ihre Hilfe zu, doch stellte sie zur Bedingung, daß jeder der Anwohner der Gegend drei Tage ohne Unterlaß zu Gott beten müsse, damit Er ihr im Kampf gegen den Drachen beistehe. Sofort stimmte jeder der Forderung der heiligen Martha zu, und alle warteten auf das langersehnte Wunder.

Nach dieser Vereinbarung machte sich die heilige Martha frühmorgens auf den Weg zum Drachensee. Tarasque war zwar wild und furchterregend, doch liebte er schöne Musik über alles. So stellte sich Martha ans Seeufer und begann mit ihrer klaren und ausdrucksvollen Stimme einen Lobgesang auf Jesus und die Heilige Mutter Maria zu singen. Tarasque ließ sich von dem wunderbaren Gesang der Jungfrau verzaubern, kam aus dem See und legte sich ehrfürchtig zu ihren Füße. Ohne Gegenwehr lies sich der gefürchtete Drache von der heiligen Martha einen Gurt anlegen und ins Dorf führen. Dort erschlugen ihn die Bauern. Zur Erinnerung an diese Begebenheiten nannten sie ihr Dorf Tarascon.

Griechenland

Die griechische Hydra

Zuordnung: Schlangendrache

Einst weilte Herakles, der Sohn von Göttervater Zeus und der Menschenfrau Alkmene, an König Eurystheus Hof in Mykene, wo der König dem Helden und Halbgott zwölf lebensbedrohliche Aufgaben stellte. Erystheus hoffte, daß Herakles bei der Bewältigung der Aufgaben zu Tode kommen würde, denn er neidete ihm die Unsterblichkeit, die der Lohn für die Bewältigung der Aufgaben sein würde.

Als erstes wies der König den noch sterblichen Helden an, den nemeischen Löwen zu töten und ihm dessen Haupt und Fell zu bringen. Der nemeische Löwe war eine riesige wilde Bestie, die jeden Menschen und jedes Tier, dem sie begegnete, angriff und tötete. Keine Waffe, weder Pfeile noch Speere, vermochte die Haut des Löwen zu durchdringen. Nichts konnte die Bestie töten. Schließlich gelang es Herkules dann aber doch, den Löwen mit seinem Dolch zu enthaupten.

Die zweite Aufgabe des Herakles war, den Aufenthaltsort der Hydra zu finden und sie zu töten. Die Hydra war die Tochter von Echidna und Typhon und die Halbschwester des nemeischen Löwen. Sie war ein sehr häßlicher und überaus gewaltiger Schlangendrache mit neun Köpfen (in manchen Erzählungen wird sie auch mit sieben oder gar mit fünfzig Köpfen beschrieben). Das Untier versteckte sich nahe der Stadt Lerna auf dem Peloponnes in einem sumpfigen See, der von der Quelle Amymone gespeist wurde. Es verwüstete alles im Umkeis und richtete großen Schaden an der Ernte und unter den Viehherden an. Wer vom giftigen Atemhauch des Ungeheuers berührt wurde, fiel augenblicklich tot um.

Herakles fand die Hydra nahe der Quelle Amymone. Mittels brennender Pfeile zwang er die Schlange, aus dem Sumpf aufzutauchen. Zu seinem Schrecken mußte er feststellen, daß seine Kampfkeule im Streit

93

mit der Hydra keinerlei Wirkung zeigte. Er versuchte nun, die Häupter der Hydra mit seinem scharfen Dolch abzutrennen. Doch sobald er einen der Köpfe abschlug, wuchs aus der Wunde ein neuer Kopf hervor.

Als Iolaos, Herakles' Neffe, der ihn auf dieser Fahrt begleitete, sah, was geschah, setzte er den benachbarten Wald in Brand und reichte dem Helden glühende Holzscheite, mit denen dieser die Wunden der Hydra ausbrannte. So konnten aus den Stümpfen keine neuen Köpfe mehr wachsen, und die Hydra starb. Nach dem gewonnenen Kampf be-

94

gruben Herkules und Iolaos den Körper und die Köpfe der Hydra tief in der Erde.

Delphi, an den Hängen des Berges Cirfis
Sybaris

Zuordnung: Wasserdrache

An den Hängen des Berges Cirfis nahe Delphi lebte ein ungeheurer weiblicher Wasserdrache namens Sybaris. Dieser brachte Angst und Leid über die Menschen, denn jeden Monat verlangte er einen unschuldigen schönen Knaben, der noch nicht den Nektar der Liebe gekostet haben durfte, und verschlang ihn.

Die Priester des Sonnengottes Apollo hatten die Aufgabe, jeden Monat das Los zu werfen, um das unglückliche Opfer zu bestimmen. Eines Monats fiel das Los auf den schönsten jungen Mann der Region – Alcyoneus. Bei der Prozession zum Opferplatz sah der mit Rosen gekrönte Jüngling aus wie ein junger Apoll. Jammern und Klagen begleitete den Zug. Eurybatus, ein tapferer Krieger, der zufällig des Weges kam, verliebte sich auf den ersten Blick in den mit weißen Gewändern gekleideten Alcyoneus und erkundigte sich nach ihm. Er erfuhr, daß der Knabe dem Tode geweiht war, und bat darum, an seiner Stelle geopfert zu werden, da ihm sein Leben bedeutungslos erscheine, wenn der Junge sterbe. „Opfert mich, ich habe schon viele Jahre gelebt, dieser Jüngling aber hat das Leben noch nicht einmal geschmeckt. Er soll sich an der Sonne erfreuen und an der Liebe, die er verdient, denn so ein wunderbares Geschöpf soll der Liebling von Eros und Aphrodite sein, nicht der des finsteren Hades."

Die Priester wollten auf dieses Angebot jedoch nicht eingehen, da sie den Zorn des Drachen fürchteten, weil der Krieger kein unschuldiger Knabe war. Sie erlaubten ihm jedoch, die Prozession zu begleiten. Als sie den Opferplatz erreichten, zogen sich die Menschen ängstlich zurück,

95

Griechenland

96

Europa

und Eurybatus befahl Alcyoneus, sich mit den ihnen in eine geschützte Stellung zu begeben. Als der riesige weibliche Drache nun aus seiner Höhle trat, um sein Opfer zu verschlingen, fand er statt eines verschreckten hilflosen Jungen Eurybatus vor, der einen Angriff gegen das überraschte Ungeheuer unternahm und die Bestie geschwind tötete.

Seitdem sprudelt an dem dem ehemaligen Opferplatz eine Quelle, und nie wieder soll dort ein Drache aufgetaucht sein. Viele Jahre später gründete Eurybatus eine Stadt in Italien, die er zur Erinnerung an seine Heldentat Sybaris nannte.

Iolkos
Der Wächter des goldenen Vlieses

Zuordnung: Klassischer Drache

Als Aison, der König von Iolkos, starb, bemächtigte sich Pelias, der Halbbruder von Jason, dem legitimen Sohn und rechtmäßigen Erben, des Thrones. Pelias befürchtete, daß Jason die Krone, die ihm zustand, doch noch beanspruchen würde, und ersann einen Plan, um ihn loszuwerden, ohne selbst in Verdacht zu geraten: Er bat Jason, dieser möge ihm das goldene Vlies zurückbringen, das von einem ungeheuren Drachen bewacht wurde.

Das goldene Vlies stammte vom Fell eines magischen geflügelten Widders, den der Götterbote Hermes geschickt hatte, um die Geschwister Phrixos und Helle vor dem Tode zu bewahren. Als die beiden auf dem Rücken des Tieres durch die Lüfte ritten, fiel Helle ins Meer, das von diesem Tage an Helles Meer bzw. Hellespont hieß. Phrixos erreichte das Land der Kolcher, an der Küste des Schwarzen Meeres, wo er den Widder Göttervater Zeus opferte und das Fell zum Dank für dessen Gastfreundschaft dem dortigen König Aietes schenkte. Dieser weihte das Vlies dem Kriegsgott Ares und hängte es in einen heiligen Garten, wo er es von einem Drachen bewachen ließ.

97

98

Europa

Jason stach mit einem Schiff, der Argo, in See, um das Vlies zu holen. Die berühmtesten Männer Griechenlands begleiteten ihn, sie wurden nach dem Schiff die Argonauten genannt. Als sie nach vielen Abenteuern endlich im Land der Kolcher ankamen, ging Jason zu König Aietes und teilte ihm mit, das er das Vlies holen wolle. Aietes aber fürchtete den Verlust seines kostbaren Schatzes und stellte Jason nun die Aufgabe, mit zwei wilden Stieren, deren Füße aus Eisen waren und aus deren Nüstern Flammen stoben, ein Feld zu pflügen. Jason hegte wenig Hoffnung, diese Aufgabe erfolgreich zu bewältigen. Da kam ihm jedoch Medea, die Tochter des Aietes zu Hilfe, die sich in Jason verliebt hatte. Nachdem er nun mit Hilfe Medeas diese schwierige Aufgabe erfüllt hatte, ging Jason abermals zum König und bat um das Vlies. Dieser gestattete ihm, das Vlies, das von einem Baum im heiligen Garten hing, zu holen.

Doch der Drache, der das Vlies bewachte, ließ niemanden bis dorthin durch. Diesen Drachen durfte Jason nicht verletzen, da das Tier dem Gott Ares geweiht war. Jason mußte das Vlies also holen, wenn der Drache schlief. Der König wußte nur zu gut, daß der schlaue Drache mit offenen Augen schlief und, wenn er wach war, die Augen geschlossen hielt. Er hoffte, Jason würde auf diese List hereinfallen. Doch Medea, die ihren Vater belauscht hatte, verriet das Geheimnis an ihren Geliebten. Da schlichen sich die Argonauten nachts, als der Drache mit offenen Augen schlief, in den Garten und stahlen das goldene Vlies. Sie kehrten zurück an Bord der Argo, und mit Jason kam auch Medea.

Mykene
Ladon und die goldenen Äpfel

Zuordnung: Klassischer Drache
Eine weitere der insgesamt zwölf Aufgaben, die Herakles von Erystheus, dem König von Mykene, gestellt bekam (vgl. S. 93), schien

fast unlösbar: Herakles sollte die goldenen Äpfel zurückbringen, die in einem der göttlichen Gärten versteckt waren und von dem furchterregenden Drachen Ladon und den Hesperiden, den Töchtern der Nacht, bewacht wurden. Herakles wußte nicht, wo sich der Garten befand, und so machte er sich auf die Suche, begierig darauf, Heldentaten zu vollbringen. Wen er auch fragte, niemand konnte ihm Auskunft über die Lage des Gartens geben.

Doch schließlich traf er Nereus, den Gott des Meeres. Nereus teilte ihm mit, daß der Garten der Hesperiden an einem verzauberten Platz hinter dem Ende der Welt liege, wo der Titan Atlas das Dach der Welt auf seinen Schultern trage. Der Halbgott Herakles machte sich auf den Weg. Er mußte durch gefährliche unbekannte Gebiete, begegnete blutrünstigen monströsen Geschöpfen und erreichte schließlich den gesuchten Ort, wo Atlas das Himmelsgewölbe auf seinen Schultern trug. Dort in der Nähe befand sich der Garten, der von duftenden Kletterrosen und Jelängerjelieber umrankt war. Das glockenhelle Lachen der Nymphen, die mit dem Drachen spielten oder einander zwischen den Bäumen haschten, erfüllte die Luft.

Herakles, der nur mit einem Löwenfell bekleidet und mit einer schweren Keule bewaffnet war, befürchtete, die Hesperiden könnten sich bei seinem Anblick erschrecken, und wagte es nicht, sich zu nähern. Er begab sich zu dem gigantischen Atlas und sagte zu ihm: „Mächtiger Atlas, du kennst die Nymphen. Könntest du nicht in den Garten gehen und für mich die goldenen Äpfel holen? Niemand würde sich vor dir erschrecken. Ich werde dir in der Zwischenzeit den Himmel halten." Atlas stimmte sofort zu und legte die Last hastig und mit einem glücklichen Lächeln auf die Schultern des Herakles. Winkend betrat Atlas den Garten, wo er von den Frauen mit Rufen der Überraschung und des Entzückens empfangen wurde. Aber auch der Drache empfing den Titanen freundlich.

Drei Tage lang hörte Herakles nichts weiter von Atlas als das übermütige Gelächter von Freude und Spiel, das aus dem verzauberten Garten zu ihm herüberdrang. Endlich, am dritten Tag, kam Atlas zurück

Griechenland

und legte ihm die Äpfel zu Füßen. „Mein Freund", sprach er, „der Drache sagte mir, daß die Hesperiden über den Verlust der Äpfel wütend sind. Zudem habe ich so viel Spaß im Garten gehabt, daß ich dich nun verlassen werde, um für immer im verzauberten Garten zu leben. Ich bin es leid, immer den Himmel auf meinen Schultern zu tragen. Aber um dir zu zeigen, das ich mein Versprechen halte, habe ich dir die Äpfel gebracht." „Ich verstehe dich voll und ganz, ich hätte an deiner Stelle genauso gehandelt. Doch gestatte mir noch eine letzte Bitte." „Sprich deinen Wunsch aus, was immer es auch sei." „Du kannst das Himmelsdach ja ohne Mühe halten, doch ich bin es nicht gewöhnt, und es beginnt zu rutschen. Ich möchte ein Seil als Kissen auf meinen Kopf legen." „Das erscheint mir nur gerecht", sprach Atlas, „ich werde dir das Himmelsdach halten, damit du dir das Kissen auf den Kopf legen kannst."

Der ahnungslose Gigant übernahm die schwere Last. Auf diesen Moment hatte Herakles gewartet. In Windeseile duckte er sich, griff sich die Äpfel und rannte davon. „Ladon, Ladon, er flieht!" schrie Atlas. Doch der Drache schob nur seinen Kopf aus der Gartenpforte und sprach: „Du bist so dumm, daß du dein Schicksal verdienst. Ich sagte dir, du sollst dem Helden nicht trauen. Nun kann keiner mehr deinen Platz einnehmen." Die Hesperiden riefen zum Versteckspielen, und der Drache kehrte zurück in seinen Garten. Der getäuschte Atlas aber mußte mit seiner Last zurückbleiben.

Tyrus
Kadmos und der Drache des Ares

Zuordnung: vermutlich Schlangendrache
Vor langer Zeit wurden die Länder Tyrus und Sidon von König Agenor regiert. Agenor erfreute sich an drei Söhnen, darunter Kadmos, und an seiner schönen Tochter Europa. Auch Gott Zeus fand Gefallen

an dem liebreizenden Mädchen. Er verwandelte er sich in die Gestalt eines Stieres und entführte die Königstochter. Als König Agenor das Verschwinden seiner Tochter bemerkte, schickte er seine drei Söhne aus, um die entführte zurückzubringen. Doch die jungen Prinzen erkannten, daß ihre Aufgabe schier unmöglich zu meistern war. So entschlossen sie sich, das Orakel von Delphi zu befragen, von dem sie hofften, daß es ihnen durch weisen Ratschluß weiterhelfen könne.

Mit vielem hatten die drei gerechnet, nur nicht mit der Antwort, die sie vom Orakel erhielten. Es riet ihnen nämlich, die Suche nach ihrer Schwester aufzugeben und statt dessen eine neue Stadt zu erbauen. Den richtigen Platz für diese neue Stadt würde Kadmos, einer der drei Brüder, durch ein Rind erkennen, das noch nie ein Joch getragen hatte. Es würde sich an der gesuchten Stelle ins Gras legen, um sich auszuruhen.

Nach langer Wanderschaft konnte Kadmos ein wunderbar gelegenes, noch unbewohntes Tal zwischen einigen Bergen finden. Die Wiesen waren saftig und fruchtbar. Tatsächlich erblickte er auch das prophezeite Rind, dem er so lange nachfolgte, bis es sich zur Ruhe legte. Der Ruheplatz des Tieres lag am Ufer eines herrlichen Flusses, und Kadmos fiel es nicht schwer, die Entscheidung für diesen Ort anzunehmen und die neue Stadt dort zu erbauen.

Da nun die Prophezeiung erfüllt war, opferte Kadmos das Rind der Göttin Athene. Anschließend fiel er erschöpft in einen tiefen Schlaf. In seinem Traum erschien ihm die Göttin als wunderschöne Frau, gekleidet in einen glänzenden Brustpanzer, mit einem Helm auf dem Haupt und einer Lanze bewaffnet. Begleitet wurde sie von einer schneeweißen Eule, die auf ihrer Schulter saß.

Athene sprach zu Kadmos und bestätigte ihm, daß er den rechten Ort gefunden habe, an dem die neue Stadt gegründet werden solle. Doch zuvor müsse er einen Drachen töten, der eine dem Ares geweihte Quelle bewache, und die Zähne des Tiers in das gepflügte Erdreich säen. Kadmos zog voller Kampfesmut in die Schlacht gegen den Drachen. Das schreckliche Gebrüll der beiden Kämpfer war derart laut, daß

Europa

es bis hinauf in den Olymp, den Sitz der Götter, zu hören war. In seiner Ruhe gestört, stand Zeus auf und schickte seine Tochter Athene zu Kadmos hinunter, um ihm zu helfen und um das lautstarke Ringen endlich zu beenden. Athene schritt ein, und der Kampf fand am daruffolgenden Tag endlich sein Ende.

Aus dem Schädel des toten Drachen brach Kadmos die spitzen Zähne heraus und pflügte sie in die blutgetränkte Erde. Aus jedem Zahn wuchs ein Krieger hervor, so daß bald ein ganzes Heer auf dem Feld stand. Diese Krieger begannen sich gegenseitig zu bekämpfen, und nach einer grausamen Schlacht waren schließlich nur noch fünf von ihnen am Leben. Diese schlossen Frieden miteinander und nahmen Kadmos als ihren König an. Gemeinsam erbauten sie die Stadt Theben, die noch lange von Kadmos regiert wurde. Die fünf Krieger galten im ganzen Land als die mutigsten, da sie doch aus den Zähnen des Drachen gewachsen waren.

106

Europa

Grossbritannien

Der Meister der Drachen
(Lord of Dragons)

Merlin, der große Zauber und Druide Britanniens, der etwa im 6. Jahrhundert gelebt und gewirkt hat, galt als besonderer Verbündeter der Drachen. Sie waren ihm heilig.

Merlin nutzte die Macht des Drachen in seiner Magie zum Schutze des Landes und des Friedens. Das machte ihn zum Herrn über die Elemente, Feuer, Luft, Wasser und Erde, denn der Drachenleib ist die Erde selbst. Der Atem des Drachen erschien als Nebel in den Landschaften.

Der Überlieferung nach löste Merlin ein Rätsel, das einst von Drachen gestellt worden war:

„Es ist kalt, und es ist heiß.
Es ist hell, und es ist dunkel.
Es ist Stein, und es ist Wachs.
Doch seine wahre Natur ist Fleisch,
seine Farbe ist Rot."

Merlin verstand die Anspielung des Drachen auf das menschliche Wesen und seine Wechselhaftigkeit: Die Lösung des Rätsels lautete deshalb „das Menschenherz".

107

Der Goldene Drache

Der Goldene Drache ist einzigartig und erhaben. Seine Flügel und Schuppen scheinen in reinstem goldenen Lichtglanz, der Sonne gleich. Den Sagen nach hat er nur einen einzigen wahren menschlichen Freund, und niemand außer drei Rittern hat ihn je zu Gesicht bekommen. Niemals war der Goldene Drache in Taten der Gewalt oder gar Kriege verwickelt. Stets galt er als Hüter der Weisheit und des Wissens.

So steht dieses Geschöpf unter Gottes Firmament symbolisch – vielleicht aber auch wahrhaft – für den Hüter des Heiligen Grals, der von einem Ritter reinen Herzens im Schloß der Anderswelt (Astralreich) bewacht wird. Der Goldene Drache versprach, den Heiligen Kelch zurück zur Erde zu bringen, sobald es wieder genügend Menschen mit reinem Herzen gäbe. Diese reinen Menschen würden dann, auf dem Rücken des Drachen sitzend, eine neue Ära – das Goldene Zeitalter – einleiten, in dem dann alle Wesen friedlich und brüderlich miteinander leben würden.

Die wohl meisten Drachenmythen stammen aus England. In der nachfolgenden Aufzählung sind die alten Überlieferungen, die von Drachen erzählen, aufgelistet, sortiert nach den Ortschaften, in denen sie erzählt werden.

Avesbury, Wiltshire
Die Steinkreise

Zuordnung: Wyrm

Die Steinkreise in Avesbury wurden von den ersten modernen Druiden Englands als Drachentempel gedeutet. Sie sahen in den Doppelreihen der Steinobelisken das alte druidische Symbol der Schlange und des Eises.

Europa

Bamburgh, Northumberland
Der Laidley-Wurm

Zuordnung: Wyrm

In Northumberland machte vor langer Zeit ein weiblicher Drache von sich reden. Die Geschichte erzählt, daß der „Laidley Worm" von Bamburgh eine Dame war, die von einer Hexe in einen bösen Drachen verwandelt worden war. Nach ihrer Verwandlung quälte sie die gesamte Umgebung von Bamburgh durch große Verwüstungen. Doch eines Tages, nach vielen leidvollen Jahren der Tyrannei, machte sich der Sohn des Wynde (the Child of Wynde), dies war der Sohn des Königs von Northumberland, auf den Weg, gegen den Drachen zu kämpfen und ihn schließlich zu töten.

Endlich, nach einem anstrengenden Ritt auf seinem getreuen Streitroß, gelang es dem Königssohn, den Drachen zu finden. Doch zu seiner großen Überraschung mußte der Ritter feststellen, daß sich der Drache weigerte, irgendeinen Kampf mit ihm auszutragen. Da trugen den Königssohn die Gedanken weit in die Vergangenheit zurück, und er bemerkte, daß der Drache in ihm unerklärliche Erinnerungen an seine Schwester hervorrief, die schon seit vielen Jahren vermißt wurde. Genau diese Erinnerung war der Schlüssel, mit dem der böse Zauber gebrochen werden konnte. Die Königstochter wurde befreit und verwandelte sich in ihre schöne menschliche Gestalt zurück.

Der Zauber an sich war jedoch so stark, daß er auf die böse Hexe einen magischen Rückschlag ausübte. So verwandelte sich die Hexe in eine Kröte. Zur Strafe soll die Hexe noch heute, in eine Kröte verwandelt, in einer Höhle unter Bamburgh Castle leben.

Grossbritannien

Brent Pelham, Herfordshire
Des Teufels Drache

Zuordnung: Wyrm

Auf einer kleinen Insel in Shonks' Moat, bei Peppsall Field, lebte der Riese Piers Shonks. Man erzählt sich, daß Piers sieben Meter groß war. Als der Riese auf die Jagd ging, um seine Vorratskammer aufzufüllen, begegnete er eines Tages einem schrecklichen Drachen. Der Riese legte seinen Bogen an und erschoß den Drachen mit einem einzigen Pfeil.

Doch dieser Drache war das Lieblingstier des Teufels gewesen. So schwor der Teufel Rache und gelobte, daß er sich die Seele des Riesen Piers Shonks holen werde. Ob nun der Riese nach seinem Tode innerhalb oder außerhalb der Kirche beerdigt würde, der Teufel wollte sich seiner Seele bemächtigen.

Als nun das Ende des Riesen nahte und er auf dem Sterbebett lag, schoß er mit seinem Jagdbogen noch einen Pfeil aus dem Fenster, um den Ort seiner Bestattung zu bestimmen. Der Pfeil flog durch ein Fenster der Kirche der Heiligen Jungfrau (Church of St. Mary the Virgin) in Brent Pelham und blieb dort in der Mauer stecken. So wurde der Riese in der Mauer bestattet. Damit wurde der Teufel überlistet, denn Piers war weder innerhalb noch außerhalb der Kirche bestattet. Heute noch erinnert das Grab des Riesen, Piers' Tomb, an diese Ereignisse.

Bretforton, Herefordshire
Der Drachentöter von Sussex

Zuordnung: Klassischer Drache

Die Kirche in Bretforton wurde dem heiligen Leonard (St. Leonard), dem Drachentöter aus Sussex, geweiht. In der Kirche soll sich ein Bild der heiligen Margarete (St. Margaret) befinden, die von einem Drachen getötet und gefressen worden war.

110

Europa

Brinsop, Herefordshire
Der Drache von Duck's Pool

Zuordnung: Wyrm

Der nahe Brinsop gelegene Ort Duck's Pool Meadow soll ein Unterschlupf eines Drachen gewesen sein, der von einem Ritter aus Herefordshire getötet wurde.

Bromfield, Shropshire
Earl Warrens Drachenschatz

Zuordnung: Klassischer Drache

Ganz in der Nähe der Ortschaft Bromfield lebte einst ein ziemlich angriffslustiger Drache. Im Jahre 1344 reiste ein arabischer Alchimist durch diese Gegend. Als der Gelehrte von dem Drachen hörte, tötete er ihn mittels seiner magischen Künste. Doch der Araber wußte nichts von dem großen Schatz, den der Drache bewachte, und zog ohne diesen Reichtum von dannen. So bereicherte sich Earl Warren an dem Drachenschatz, den er nur einfach in dem Drachennest einzusammeln brauchte.

Bures, Essex
Der furchtsame Drache

Zuordnung: Wyrm

Im Jahre 1405 erschien ein riesiger Drache in der Gegend von Essex. Der Kopf des Drachen sah wild aus, und seine Zähne waren wie die einer großen Säge. Viele Bogenschützen aus der ganzen Grafschaft kamen zusammen, um den Drachen zu erlegen. Doch ihre Pfeile hatten keiner-

Grossbritannien

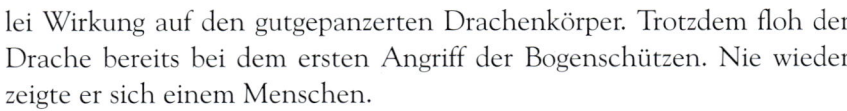

lei Wirkung auf den gutgepanzerten Drachenkörper. Trotzdem floh der Drache bereits bei dem ersten Angriff der Bogenschützen. Nie wieder zeigte er sich einem Menschen.

Burley, Hampshire
Die Drachenstrasse

Zuordnung: Wyrm

In der Nähe des Ortes Bisterne Close liegt ein Landstrich, der heute noch Drachenstraße (Dragon Lane) genannt wird. Dieser Name wurde gewählt, nachdem der Drache von Bisterne getötet worden war.

Der Drache lebte einst in dem Bergwerk von Burley Beacon. Er war friedlich, verlangte jedoch täglich einen Eimer voll Milch von den Bauern. Eines Tages ritt ein Ritter mit seinen zwei Hunden durch die Gegend. Er beschloß, den Drachen zu töten. In dem fürchterlichen Kampf, der dann entbrannte, starben der Drache und die beiden Hunde des Ritters. Der Ritter selbst wurde bei diesem unglücklichen Blutbad so schwer verwundet, daß er ein paar Tage später ebenfalls dem Tode erlag.

Castle Neroche, Somerset
Der Neroche

Zuordnung: Klassischer Drache

Der ursprüngliche Name dieses Schlosses war Castle Ratch. Hier hauste ein Drache, der Neroche, der den im Schloßgarten vergrabenen Schatz bewachte.

Cawthorne, South Yorkshire
Die fliegende Schlange von Cawthorne

Zuordnung: Fliegender Drache

In Cawthorne lebte ein fliegender Drache. Er hauste in der Quelle, die auch Schlangenquelle (Serpents Well) genannt wurde. Sehr oft konnten die Menschen den Drachen beim Flug beobachten. Einer seiner Lieblingsausflüge ging nach Cawthorne Park.

Chipping Norton, Oxfordshire
Der zweiköpfige Drache

Zuordnung: Klassischer Drache

In Chipping Norton erzählt man sich, daß ganz in der Nähe ein Drache gefunden wurde, der zwei Frauenköpfe hatte.

Crowcombe, Somerset
Der Crowcombe-Drache

Zuordnung: Klassischer Drache

Der Crowcombe-Drache wurde als zweiköpfiger Drache bekannt. In der Kirche von Crowcombe gibt es ein altes Steinmetzrelief, das den Drachen zeigt, wie er mit zwei nackten Männern vor einem Weinberg ringt, die ihn mit je einem Speer erstechen.

113

Grossbritannien

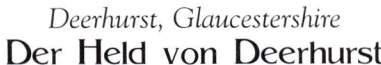

Deerhurst, Glaucestershire
Der Held von Deerhurst

Zuordnung: Wyrm

Ganz in der Nähe der rund um Deerhurst ansässigen Bauern lebte ein Drache, der sich von ihren Kuhherden ernährte. Als der Schaden zu groß wurde, und die Angst der Menschen vor dem Drachen immer stärker wuchs, setzte der König eine große Belohnung für denjenigen aus, der den Drachen verjagen oder töten würde. Der Held von Deerhurst war kein Ritter, es war der Hufschmied. Er brachte dem Drachen vergiftete Milch, die diesen betäubte. Danach gelang es dem Schmied, den Drachen zu köpfen, und er erhielt die Belohnung vom König.

Dinas Emrys, Snowdonia
Dinas Ffareon

Zuordnung: Wyrm
(in späteren, mittelalterl., Darstellungen auch klassischer Drache)

Der ursprüngliche Name von Dinas Emrys lautete Dinas Ffareon. Dinas Emrys ist ein aus der Eisenzeit stammender, künstlich aufgeschütteter Hügel. Vermutlich war er als militärischer Schutz- und Aussichtswall gedacht. Die Sagen über diesen Ort berichten, daß der damalige König namens Lludd ab Beli dort zwei Drachen begrub, einen roten und einen weißen, die jeden Mai in der Gegend von Oxford miteinander kämpften. Diese zwei streitbaren Drachen gingen in die Mythen von Wales als die „Mabinogion" ein.

In einer viel späteren Zeit beschloß der walisische König Vortigern eines Tages, sich nach Snowdonia zurückzuziehen und sich auf dem Hügel Dinas Ffareon eine Wehrburg zu errichten. Doch des Nachts ereigneten sich unterhalb der Burg derart starke Erdbeben, daß sie all-

mählich einstürzte. Die Berater des Königs erklärten, es müsse ein va-
terloser Junge geopfert werden, um das Beben zu besänftigen und ihm
Einhalt zu gebieten.

Es dauerte nicht lange, bis man ein solches Waisenkind gefunden hatte. Es war der Junge Merddyn Emrys (Merlin der Druide), und er verfügte über umfangreiches druidisches Wissen. Merddyn Emris brachte die
Drachen gegeneinander auf, so daß sie miteinander kämpften. Der rote
Drache siegte über den weißen Drachen, der aus dem Kampf floh. So
wurde Dinas Ffareon zu Ehren Merlins in Dinas Emrys umgetauft.

Merlin erklärte, daß der rote Drache die Waliser und der weiße Drache die Angelsachsen darstelle. Da der weiße Drache vom roten besiegt
wurde, bedeute dies, daß die Waliser über die einfallenden Angelsachsen siegen würden. Merlins Prophezeiung erfüllte sich dann in den siegreichen Schlachten König Uther Pendragons und des Königs Arthur
Pendragon, Uthers Sohn.

Grossbritannien

Dronley, Tayside
Boldragon

Zuordnung: Klassischer Drache

In Dronley, ganz in der Nähe des Ortes Boldragon, findet man einen alten Runenstein. Seine Inschrift besagt, daß der durch diesen Stein gekennzeichnete Platz an einen Kampf erinnere, der zwischen einem Drachen und dem Ritter Martin ausgefochten wurde. Der Ritter tötete den Drachen, der zuvor neun Jungfrauen verschlungen hatte.

Dunstanburgh, Northumberland
Sir Guy

Zuordnung: Wyrm

In Dunstanburgh wurde ein Drache von Sir Guy Seeker besiegt und getötet. Sir Guy wurde dabei von einem Magier, entweder einem Druiden oder Angehörigen der Wicca (Hexenkult), unterstützt.

Durham, Durham County
Osulf und die Schlange

Zuordnung: Schlangendrache/Wyrm

In Durham existieren mehrere eigenartige Legenden über Drachen und Schlangenwesen. So soll sich im Jahre 1060 n. Chr. eine Schlange derart um ein nicht näher beschriebenes Geschöpf namens Osulf geschlungen haben, daß beide gefangen waren. Osulf betete deshalb drei Tage und drei Nächte lang in der Kathedrale von Durham. Die Gebete halfen, denn die Schlange bemerkte endlich ihr eigenes Dilemma, löste die Umschlingung und verschwand. So waren beide befreit.

Der Sockburn Worm

Zuordnung: Wyrm

Um das 14. Jahrhundert machte der Sockburn Worm, ein Lindwurm, von sich reden. Er war ein ganz schreckliches Untier. Viele Menschen mußten bei dem Versuch, das Ungetüm zu töten, ihr Leben lassen. Viele Bewohner aus der Gegend gaben ihr Hab und Gut auf und flüchteten von jenem Ort, den der schreckliche Wurm heimsuchte.

Ein Edelmann namens Sir John Conyers brachte den Sockburn Worm schließlich zur Strecke. Sir John trug dazu eine spezielle Rüstung und ein besonderes Schwert. Es ist anzunehmen, daß das Schwert über besondere magische Zauberkräfte verfügte. Bemerkenswert ist jedoch, daß das Schwert bis zum heutigen Tage bei der rituellen Weihe zur Amtseinführung des jeweiligen Bischofs von Durham Verwendung findet.

Gunnerton, Northumberland
Money Hill

Zuordnung: Wyrm

Ganz in der Nähe des Ortes Gunnerton findet man einen Hügel mit dem eigentümlichen Namen Money Hill (Geldhügel). Die Sagen berichten über diesen Ort, daß er angeblich der Rastplatz eines Drachen gewesen sei, der über einen großen Schatz wachte. Möglicherweise befindet sich der Schatz noch heute unter diesem Hügel.

117

Grossbritannien

Henham, Essex

Der fliegende Drache von Henham

Zuordnung: Fliegender Drache

Nach einer Schrift aus Essex tauchte im Dorf Henham am 27. und 28. Mai 1669 ein Drache auf, der etwa drei Meter lang und mit Schuppen bedeckt war. Er hatte große Augen, ein Maul mit Fangzähnen, zwei Zungen – eine normale und eine in Form eines Pfeils – und ein paar im Verhältnis zum Restkörper zu schmale Flügel, die aus seinen Schultern wuchsen. Doch trotz seiner beachtlichen Größe stellte sich heraus, daß er nicht gefährlich war, sondern, im Gegenteil, selbst Angst hatte. Die Dorfbewohner scheuchten ihn mit ein paar Steinwürfen in den nahe gelegenen Wald. Seit dieser Zeit veranstalteten sie 265 Jahre lang jedes Jahr ein Volksfest, bei dem Bilder des ängstlichen Drachen verkauft wurden.

Snakebite

Zuordnung: Schlangendrache

Im Jahre 1699 n. Chr. wurde ein besonders eigentümlicher Drache ganz in der Nähe des Dorfes Henham gesichtet. Der Drache hatte zwei Zahnreihen und soll so riesig gewesen sein, daß jedes seiner Augen so groß wie ein ganzes Schaf war. Niemand störte den Drachen, der sich wahrscheinlich nur auf dem Feld ausruhen wollte. Nach einiger Zeit verschwand er dann wieder friedlich, ohne irgendeinen Schaden anzurichten.

Ein wenig eigentümlich erscheint, daß 1939, also zweihundertvierzig Jahre später, auf dem Dorfmarkt lauter kleine Drachenfiguren verkauft wurden. Gleichzeitig wechselte auch eine einheimische Bierbrauerei ihren Besitzer, die den Namen „Snakebite", also Schlangenbiß, trug.

Highclere, Hampshire
Der Highclere Crampus

Zuordnung: Wasserdrache

In Highclere lebte der „Highclere Crampus". Es war ein Killerwal, der merkwürdigerweise in einer Eibe nistete. Dieser gefürchtete Wal wurde vom Dorfpfarrer für die Dauer von 1000 Jahren in die See gebannt.

Bei dieser Sage gilt es, wie bei den meisten Drachensagen, die innere, d.h. die verborgene, Botschaft zu finden. Zur Symbolik der Eibe kann bemerkt werden, daß sie ein Totenbaum ist und früher auf Friedhöfen angepflanzt wurde.

119

Grossbritannien

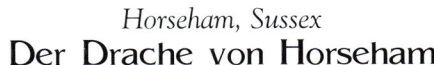

Horseham, Sussex
Der Drache von Horseham

Zuordnung: Wyrm

Im Jahre 1614 wurde in Horseham ein etwa zehn Meter langer Drache entdeckt. Das Besondere an ihm waren weiße Schuppen um seinen Hals. Der Atem des Drachen war außerordentlich giftig. So mußten mindestens zwei Menschen an diesen Dämpfen sterben. Als der Drache wieder verschwand, hinterließ er eine dicke Schleimspur. Im Ortsschild von Horseham ist noch heute ein Drache als Wappentier abgebildet.

Hughenden, Buckinghamshire
Die Bäuerin und der Drache

Zuordnung: Wyrm

In Hughenden soll ein Drache von einer Bäuerin getötet worden sein, als er um ihr Haus schlich und sich am Stroh sättigen wollte.

Hutton Rudby, Yorkshire
Der Drache vom Sexhowe

Zuordnung: Klassischer Drache

In Hutton Rudby wird von einem reisenden Ritter erzählt, der einen Drachen tötete. Der Drache war um den Hügel herumgekrochen, den die Leute Sexhowe nannten. Der Leichnam des Drachen wurde später in der Kirche von Stokesley gezeigt.

Europa

Kellington, Yorkshire
Der Schäfer und der Drache

Zuordnung: Schlangendrache/Wyrm

In Kellington tötete ein einfacher Schäfer einen kleinen Drachen, der seine Herde bedrohte. Der Schäfer hatte nichts anderes zur Hand als seinen gebogenen Schäferstab. Heute erinnert ein Grabstein, der sogenannte Kellington Serpent Stone, an dieses Ereignis. Er zeigt ein Kreuz und eine Schlange.

Ker Moor, Somerset
St. Carantoc und der Drache

Zuordnung: Wyrm

Der keltische Heilige St. Carantoc zwang einen Drachen, aus dem Moor herauszukommen, und führte ihn dann zu König Artus.

Kilve, Somerset
Old Ben

Zuordnung: Feuerdrache

Putsham Hill (hill = Hügel) war einst der Lebensraum des Feuerdrachen „Old Ben". Als dieser sich eines Tages im Meer abkühlen und erfrischen wollte, blieb er im Morast am Ufer stecken und ertrank in den steigenden Fluten.

121

Grossbritannien

Der Feuerdrache von Kingston

Zuordnung: Feuerdrache

In Kingston erschien einst ein feuerspuckender Drache, der mit seinem Feuer das Land allmählich verödete und sich auch sonst als rechte Plage erwies. Eines Tages nahm einer der Dorfbewohner seinen gesamten Mut zusammen und entschloß sich, den Drachen zu töten. Mutig bestieg er den Hügel, auf dem der Drache ruhte, und schrie ihn an, so laut er konnte. Der Drache spuckte natürlich sofort Feuer, um den Wagemutigen zu verbrennen. Doch mit einiger List gelang es dem Bauern, unbemerkt einen großen Felsbrocken in die Nähe des Drachen zu rollen. Erstellte sich zwischen den Fels und den Drachen, dann schrie er wieder so laut er konnte. Der Drache drehte sich erzürnt um und warf sich auf den Bauern. Der jedoch schlüpfte geschwind zur Seite und der Drache verschluckte statt seiner den Fels – und erstickte daran.

Lewannick, Cornwall
Der Drache von Lewannick

Zuordnung: Wyrm

In der Nähe von Lewannick hauste ein Drache in einer Höhle. Die gesamte Umgebung litt unter dem ungeheuren Schaden, den der Drache anrichtete, auch zahlreiche Menschen kamen ums Leben.

Europa

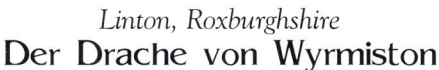

Linton, Roxburghshire
Der Drache von Wyrmiston

Zuordnung: Wyrm

Der Drache von Wyrmiston lebte auf einem Hügel, ganz in der Nähe des Ortes Linton. Dort war er ein großes Übel für das gesamte umliegende Land und dessen Bewohner.

Heute noch wird erzählt, daß ein mutiger Mann namens Somerville herausfand, wie man den Drachen töten konnte. Er nahm kurzerhand das alte Rad eines Pferdewagens und umwickelte es mit Lumpen, die er dann anzündete. Als der Drache Somerville angriff, schleuderte dieser das brennende Wagenrad in den weitaufgerissenen Rachen des Drachen. So mußte der Drache sterben, und das Land war von der Plage befreit.

Llandeilo Graban, Powys
Der Schmied und der Drache

Zuordnung: Klassischer Drache

In Llandeilo erzählt man sich, daß sich früher einmal ein Drache im Glockenturm der Kirche ein Nest gebaut und dort gelebt habe. Von diesem Lager aus pflegte das Untier alle umliegenden Nachbarorte zu plagen und die Gegend zu verwüsten.

Lange Zeit wütete der Drache, ohne daß ihm jemand Einhalt gebot. Eines Tages jedoch faßte der Pferdeschmied den Entschluß, dem Rasen des Scheusals ein Ende zu setzen. Der mutige Handwerker schmiedete einen Drachen aus Eisen, den er heimlich ins Drachennest setzte, als der Llandeilo-Drache auf einem seiner verheerenden Auszüge war.

Grossbritannien

Als das Untier zu seinem Nest hoch oben im Kirchturm zurückkam, geriet es beim Anblick des Eisendrachen außer sich vor Wut und versuchte, das eiserne Ungetüm aus seinem Nest zu werfen. Doch der listige Schmied hatte gut versteckte Messerklingen an seinem Eisendrachen angebracht, die jetzt durch einen Mechanismus herausklappten. Dadurch wurde der Llandeilo-Drache so schwer verletzt, daß noch im Kirchturm starb.

Llyn Cynwch, Gwynedd
Der Schäfer und der Wasserdrache

Zuordnung: Wasserdrache

Im See von Llyn Cynwch lebte ein Wasserdrache, der Tiere und Menschen jagte. Er vermochte seine Opfer schon allein mit seinem Blick zu lähmen und zu töten, wonach er sie dann auffraß. Die Sage berichtet, daß es ein Schäfer war, der das Ungeheuer schließlich mit einem Schwert enthauptete. Heute noch wird mit einem Gedenkstein an diesem Ort an die Heldentat erinnert.

London
Die Wächter der City

Zuordnung: Klassische Drachen

Vor der Zugangsstraße zur „City of London", dem berühmten Bankenviertel Londons, sitzt rechts und links je ein Drache, der mit den Waffen der „City" ausgestattet ist. Sie gelten als „mystische" Wächter dieses Geldviertels.

Europa

Longwitton, Northumberland
Der Earl und der Drache

Zuordnung: Wyrm

In Longwitton lebte einst ein Drachen, der keinen Unterschied zwischen Mensch und Tier machte und die einen wie die anderen in Angst und Schrecken versetzte. Doch eines Tages befahl der Earl of Warwick, Sir Guy, dem Drachen zu erscheinen. Zu Sir Guys Überraschung erschien dieser tatsächlich. Mit seinem Schwert verletzte der Earl den Drachen sofort. Als der Drache versuchte, seine Wunden in einer der drei Quellen von Longwitton Hall auszuheilen, nutzte Sir Guy die Gelegenheit und durchbohrte das Herz des Drachen.

Ludham, Norfolk
Der Drache von Benet's Abbey

Zuordnung: Wyrm

In der Gemeinde von Ludham lebte einst ein Drache in einer Erdhöhle. Er war scheu und traute sich normalerweise nur des Nachts aus seinem Bau heraus. Eines Tages konnte er den wärmenden Strahlen nicht widerstehen und legte sich auf das Feld, um sich zu sonnen. Obwohl der Drache so scheu war, mochten ihn die Dorfbewohner nicht. Sie nutzten die Gelegenheit und versperrten den Eingang zu seinem Erdloch. Als der nichtsahnende Drache zurückkam und bemerkte, daß er nicht mehr in seine schützende Höhle gelangen konnte, floh er voller Furcht zu den Ruinen von Benet´s Abbey, wo er vielleicht heute noch lebt.

125

Grossbritannien

Lyminster, Sussex
Knucker

Zuordnung: Wasserdrache

Knucker war ein Wasserdrache, und seine Höhle wurde als die Drachenhöhle von Lyminster bekannt. Das liegt in einem Landstrich von Sussex, der große Geheimnisse birgt. Aus der Drachenhöhle entsprang ein Fluß, doch niemand konnte in der Höhle selbst Wasser finden. Knucker verursachte in der gesamten Gegend großen Schaden, denn er fraß viel Vieh und auch Menschen. Wahrscheinlich wurde er getötet, doch es sind mehrere unterschiedliche Geschichten um den Drachen von Lyminster bekannt geworden.

Eine der Geschichten berichtet davon, daß der König von Sussex die Hand seiner Tochter demjenigen versprach, der den Drachen töten würde. Ein umherziehender Ritter nahm den Kampf mit Knucker auf, bezwang ihn und heiratete zur Belohnung die Prinzessin.

Eine andere Legende bezieht auch den heiligen Georg ein. Danach fraß der Drache von Lyminster nur Jungfrauen. Als es in Sussex keine Jungfrauen mehr gab und nur noch die Tochter des Sachsenkönigs am Leben war, bot dieser demjenigen die Ehe mit seiner Tochter und das halbe Königreich an, der – wie auch immer – das Land von dem Drachen befreien würde. Angeblich soll heute noch ein Stein, Slayer's Stone, auf dem Friedhof von Lyminster an den heiligen Georg erinnern.

Noch eine Darstellung der Geschichte um Knucker berichtet von dem Bauernsohn Jim Pulk. Jim überlistete den Drachen, indem er ihm ein vergiftetes „Sussex-Mus" kochte, was der Drache fraß und an dem er starb. Die Revanche des toten Drachen blieb jedoch nicht aus. Jim starb selbst an dem Gift, da er vergessen hatte, sich nach der Zubereitung des tödlichen Mahls seine Hände zu waschen.

126

Europa

Middlewich, Cheshire
Thomas Venables und der Drache von Moston

Zuordnung: Wyrm

In der Kirche von Middlewich befindet sich eine kleine Kapelle, die von der Familie Venables gestiftet wurde. Dort wird an Thomas Venables erinnert, der einst einen Drachen tötete, der in dem Teich bei Moston gelebt hatte. Thomas Venables brachte den Drachen zur Strecke, indem er ihm mit seinem Bogen einen Pfeil zwischen die Augen schoß, als der Drache gerade dabei war, ein Kind zu überfallen. Der Drache ließ vom Kind ab, denn die Verletzung war sehr groß. Dem Drachentöter gelang es dann, mit seinem Schwert den Todesstoß zu führen.

Mordiford, Herefordshire
Der Mordiford-Drache

Zuordnung: Schlangendrache/Wyrm

Der Mordiford-Drache baute sich bei Haugh Wood ein Nest. Immer wenn er hungrig wurde, suchte er entlang der Serpent Line, einer Hügelkette, nach Kühen, die er jagen und fressen konnte. Viele Bewohner der Gegend, Bauern und Hirten, versuchten, den Drachen zu vertreiben oder zu töten. Doch niemandem gelang dieses Unterfangen, bis sich ein ortsbekannter Verbrecher meldete und versprach, daß er den Drachen töten würde, wenn er dafür seine Freiheit wiedererlangen würde. Garnstone, so hieß der Gauner, sprang in ein stabiles Weinfaß, das er zuvor mit Stahlnägeln – gleich einem Igel – geschützt hatte. Als der Drache Garnstone angriff und versuchte, das Faß mit seinem Schwanz zu zerschlagen, verletzte er sich tödlich.

127

Grossbritannien

Maud und der Wyvern

Zuordnung: Klassischer Drachen

Ein kleines Mädchen namens Maud fand auf einem Spaziergang durch die Wälder seiner Heimat ein kleines merkwürdiges Tier. Es hatte einen grünen Körper von der Farbe und Größe einer Gurke und zarte durchscheinende Flügelchen. Traurig saß es auf dem Weg und hatte seine Schnauze in die Erde vergraben. Offensichtlich hatte es sich verlaufen. Als es Maud erblickte, war seine Traurigkeit verflogen, und aufgeregt mit den kleinen Flügelchen schlagend, wollte es mit ihr spielen. Maud nahm es begeistert mit nach Hause, überzeugt davon, ihren Eltern würde ihr neues Haustier genauso gefallen wie ihr. Die Eltern erkannten jedoch, daß es sich um einen Wyvern, also einen Drachen, wenn auch einen ganz kleinen, handelte, und befahlen Maud, ihn an den Fundort zurückzubringen.

Traurig ging Maud wieder in den Wald. Sie brachte den Wyvern jedoch nicht zurück, sondern versteckte ihn an einem geheimen Platz,

128

wo sie ihn jeden Tag besuchte und mit Milch fütterte. Mit der Zeit wurde aus dem kleinen Haustier jedoch ein riesiger Drache. Die weichen Schuppen wurden zu messerscharfen harten Platten und die zarten Flügelchen zu lederartigen großen Flügeln. Die Milch, die Maud ihm brachte, reichte nicht mehr aus, und so begab er sich selbst auf Nahrungssuche. Er fand Geschmack an Schafen und Kühen der umliegenden Bauern, so daß diese begannen, nach der Ursache des Viehdiebstahls zu fahnden. Bald hatten sie den Übeltäter ausgemacht und schickten Trupps aus, ihn zu töten. Da entdeckte der Drache einen neuen Geschmack – Menschenfleisch. Von nun an war niemand mehr sicher. Nur Maud mit ihrer großen Liebe zu dem Untier blieb verschont. Sie war die einzige, die den Wyvern streicheln und ohne Angst in seine leuchtenden Augen blicken konnte.

Die Bewohner von Mordiford mußten dem Schrecken ein Ende setzen, wollten sie nicht selbst zugrunde gehen. Und so kam es, daß ein Mitglied der Garstons, der ruhmreichsten Familie in Mordiford, in einer Rüstung und mit einer kräftigen Lanze dem Wyvern gegenübertrat. Dieser blies einen kräftigen Feuerschwall in Richtung seines Gegners. Die Lanze Garstons jedoch bohrte sich in die Kehle des Drachen, Blut sprudelte heraus und färbte das Gras rot. Als Garston mit seinem scharfen Schwert den Kopf des sterbenden Wyvern vom Rumpf trennen wollte, kam ein hysterisch schreiendes Mädchen aus dem Gebüsch, kniete sich neben den sterbenden Wyvern und umschlang schluchzend dessen Hals. Erstaunt ritt Garston zurück zu den glücklichen Bewohnern von Mordiford. Zurück blieben ein toter Drache mit seinem einzigen Freund, einem Mädchen namens Maud, dessen unschuldige Kindheit auf diese Weise frühzeitig beendet wurde.

Grossbritannien

Norton Fitzwarren, Somerset
Der Drache von Norton Camp

Zuordnung: Wyrm

In der Zeit, als die Römer Britannien besetzten, richtete der römische General Ostorius ein fürchterliches Gemetzel unter der britischen Bevölkerung an. All die Knochen und Gerippe der vielen getöteten Menschen wurden bei Norton Camp aufgeschichtet. Aus diesem Berg von menschlichen Überresten wuchs eines Tages ein Drache hervor. Über die Jahrhunderte hinweg wurde der Drache immer größer und größer. Bis ins Mittelalter hinein blieb der Drache am Leben und wurde dann von einem Ritter aus der Familie Fitzwarren getötet.

Norwich, Norfolk
Old Snap

Zuordnung: Wyrm

Norwich gilt als besonderer Drachenort. Auch heute noch findet man in der Gegend um Norwich zahlreiche Erinnerungen an die Zeit der Drachen. Jedes Jahr findet z.B. die „Lord Mayor's Parade" statt, in der an den Drachen „Old Snap" erinnert wird, der noch im späten 15. Jahrundert in der Gegend sein Unwesen getrieben haben soll.

Nunnington, Yorkshire
Der Drachentöter von Nunnington

Zuordnung: Wyrm

Der Drachentöter von Nunnington hieß Peter Loschy. Speziell für den Kampf mit dem Drachen, der die Gegend unsicher machte, ließ er

130

sich eine eiserne Rüstung anfertigen. Auffallend an der Rüstung waren die scharfen Eisenklingen, die rundherum angebracht wurden und den Kämpfer wie einen Igel erscheinen ließen.

Als Peter Loschy dann schließlich kampfesmutig vor dem Drachen stand und ihn herausforderte, schlug der Drache sofort mit seinem langen Schwanz auf den Kämpfer ein. Doch die scharfen Messer der Rüstung schnitten dem Drachenschwanz bei jedem Schlag tief ins Fleisch. Ja, ganze Stücke des Schwanzes wurden zerrissen und abgetrennt. Aber der Drache verfügte selbst über wundersame Heilkräfte. Sobald er verletzt wurde oder gar Teile seines Schwanzes verlor, heilten die Wunden sofort und die abgetrennten Schwanzteile wuchsen sofort wieder an. Um dies zu verhindern, schnappte der Hund von Peter Loschy jedes herausgerissene Schwanzstück des Drachen und brachte alle auf den nahe gelegenen Hügel, Loschy Hill. So verhinderte der kluge Hund, daß sich der Drache selbst wieder heilen konnte. Schließlich blieb nur noch der Kopf des Drachen übrig, die übrigen Körperteile des Drachen hatte der Hund erfolgreich verteilt. Doch leider kam der Hund am Ende dem liegengebliebenen Kopf des Drachen zu nahe und wurde von dem giftigen Drachenatem getötet, bevor der Drache selbst starb.

Oxford, Oxfordshire
Die drei Plagen

Zuordnung: Wyrm
(in späten Darstellungen auch klassischer Drache)

Im Buch Mabinogion (walisischer Sagenzyklus) wird berichtet, daß Britannien während der Regierungszeit des Königs Lludd ab Beli von drei großen Plagen heimgesucht wurde. Eine davon wurde von den Corryaneid, Angehörigen des Feenvolks, hervorgerufen. Die zweite Plage war ein weithin hörbarer Aufschrei im Monat Mai. Der Schrei ließ alle Milch sauer werden und verursachte bei allen Frauen Unfruchtbarkeit. Die dritte Plage bestand in einer Hungersnot. Ohne ersichtlichen Grund waren plötzlich alle Vorratskeller des Königs leer, und kein Essen blieb irgendwo übrig.

Eines Tages, als König Lludd nicht mehr ein noch aus wußte, ging er zu seinem Bruder Llevelys, um sich bei diesem Rat zu erfragen, wie er der drei Plagen Herr werden könne. Gegen die erste Plage aus dem Feenvolk gab Llevelys dem König giftige Insekten mit, die die Corryaneid töten sollten. Llevelys erklärte, daß die zweite Plage durch zwei gegeneinander kämpfende Drachen, den roten Drachen der Waliser und den weißen Drache der Angelsachsen, hervorgerufen wurde. Die dritte Plage wurde von einem diebischen Riesen verursacht, der heimlich des Nachts alle Vorräte aufaß. Es war dann nicht schwer, dem Riesen Einhalt zu gebieten.

Um der zweiten Plage, der gegeneinander kämpfenden Drachen, Herr zu werden, mußte der König nach Britannien zurückkehren und die genaue geographische Mitte seines Landes finden. Heute ist dieser Platz bekannt als die Carfax-Kreuzung, sie liegt im Zentrum von Oxford. Der Bruder des Königs gab Lludd weiter die Anweisung, er solle genau in diesem Zentrum Britanniens eine Grube graben und in deren Mitte einen Kessel plazieren. Der Kessel solle mit dem besten Honigwein gefüllt sein und mit einer Decke umhüllt werden.

Als nun die Drachen am Vorabend des Maifestes wieder kämpften, fielen sie beide vor Erschöpfung in den großen Kessel. Sie tranken den Honigwein und fielen in einen tiefen Schlaf. König Lludd ab Beli wickelte die schlafenden Drachen in das Tuch ein und brachte es zu dem Platz Dinas Ffaraon, wo er die beiden schlafenden Drachen tief in der Erde vergrub. Den Sagen nach hat der spätere König Vortigern auf den Befehl Merlins hin, die Drachen wieder ausgegraben und befreit (siehe S. 114).

Der Drache von Penhesgyn

Zuordnung: Wyrm

In der Nähe des Landguts Penhesgyn wurde immer wieder ein Drache gesehen. Eines Tages hatte ein Wahrsager eine Vision und prophezeite, daß der Erbe des Gutes von einem Drachen getötet werden würde. Der Lord von Penhesgyn machte sich daraufhin große Sorgen um das Wohl seines Sohnes und schickte ihn deshalb nach England.

Zur selben Zeit tötete ein junger Bewohner der Gegend den Drachen. Der Junge stellte einen polierten Kessel auf den Grund eines tiefen Grabens. Als der Drache die sich auf der Oberfläche des Kessels spiegelnden Sonnenstrahlen bemerkte, begann er, gegen den Kessel zu kämpfen, bis er erschöpft umfiel. Der Junge machte sich die Schwäche des Drachen zunutze und tötete ihn. Danach vergrub er ihn an der tiefsten Stelle des Grabens.

Nun war der Lord davon überzeugt, daß alle Gefahr gebannt war und die Prophezeiung nicht mehr eintreffen konnte. Als der Sohn des Lords wieder zu Hause war, bestand er jedoch darauf, den toten Drachen zu sehen. So wurde der Leichnam des Drachen wieder ausgegraben. Als der junge Lord die Reste des Untiers sah, tat er ihm voller Verachtung gegen den Kopf. Doch anstelle des Schädels traf er versehentlich einen der Giftzähne. Der Zahn bohrte sich tief in den Fuß des jungen Mannes und vergiftete ihn; er starb an der Verletzung. So erfüllte sich die Prophezeiung des Hellsehers am Ende doch.

Der Drachenvogel

Zuordnung: Halbdrache

In Renwick wird erzählt, daß hier ein Mann namens John Tallantire

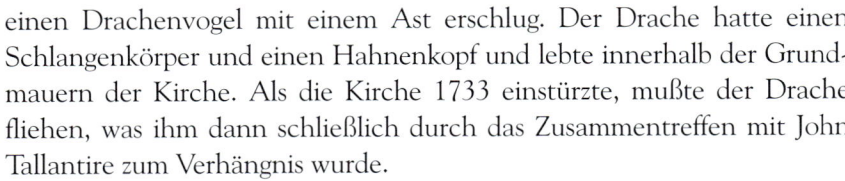

einen Drachenvogel mit einem Ast erschlug. Der Drache hatte einen Schlangenkörper und einen Hahnenkopf und lebte innerhalb der Grundmauern der Kirche. Als die Kirche 1733 einstürzte, mußte der Drache fliehen, was ihm dann schließlich durch das Zusammentreffen mit John Tallantire zum Verhängnis wurde.

Saffron Walden, Essex
Der Ritter in der kristallenen Rüstung

Zuordnung: Cockatrice
In Saffron Walden lebte einst ein Drachenvogel, der halb Schlange und halb Hahn war. Er wurde von einem Ritter getötet, der eine Kristallrüstung trug, die ihn vor dem Gift des Untiers schützte.

Saint Leonards Forest, Sussex
Die Drachenlichtung

Zuordnung: Wyrm
Heute noch findet man bei Saint Leonard's Forest (Wald des heiligen Leonhard) einen Platz, der Dragon's Green (Drachenwiese) genannt wird. Im 6. Jahrhundert lebte hier ein Einsiedler. Eines Tages brach er in den Wald auf, um den dort lebenden Drachen und alle Giftschlangen zu töten. Leider fühlte sich der Einsiedler während seiner Gebeten auch von den singenden Nachtigallen gestört, so daß er gleichzeitig auch alle Singvögel von diesem Ort vertrieb.

Europa

Shervage Wood, Somerset
Der Lindwurm im Shervage Wood

Zuordnung: Wyrm

Im Shervage Wood (wood = Wald) trieb sich einst ein großer Lindwurm herum. Er soll eine Länge von über zwölf Meter gehabt haben. Immer wenn er Hunger hatte, verließ er den Wald, um sich über das Vieh herzumachen, das ihm besonders gut schmeckte. Als allerdings einige Menschen, die in den Wald gegangen waren, einfach nicht mehr auftauchten, traute sich im Laufe der Zeit niemand mehr dort hinein. Es wird erzählt, daß eines Tages ein fremder Baumfäller in der Gegend auftauchte, um Beeren zu pflücken. Der Lindwurm sah den Menschen und griff ihn an. Doch der flinke Beerensammler war geschickt im Umgang mit seiner Axt. Mit ein paar kräftigen Hieben schlug er den Lindwurm in Stücke und befreite so das Land und die dort wohnenden Bauern von dessen Tyrannei.

Slingsby, Yorkshire
Wyvill, der Drachentöter

Zuordnung: vermutlich Wyrm

In Slingsby tötete der daraufhin als Held gefeierte Wyvill gemeinsam mit seinem Wolfshund einen Drachen.

Tanfield, Yorkshire
Die Michaelsquelle

Zuordnung: Klassischer Drache, vermutlich aber eher Wyrm

Ganz in der Nähe von Tanfield befindet sich eine Quelle, die einst

135

Grossbritannien

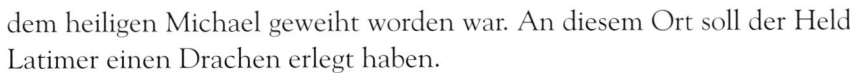

dem heiligen Michael geweiht worden war. An diesem Ort soll der Held Latimer einen Drachen erlegt haben.

Uffington, Oxfordshire
Der Drachenhügel

Zuordnung: Klassischer Drache

Im Tal des Weißen Pferdes (benannt nach einem großflächigen Pferderelief keltischen Ursprungs, das in die kalksteinhaltige Hügelland-schaft bei Oxfordshire eingearbeitet ist) ist ein kleiner Hügel mit dem Namen Dragon Hill. An diesem Drachenhügel soll der heilige Georg einst einen Drachen getötet haben. Man erzählt sich, daß überall, wo das Drachenblut die Erde befleckte, niemals mehr Gras wachsen würde. Deshalb glauben auch manche Leute dieser Gegend, daß das Weiße Pferd gar kein Pferd, sondern in Wahrheit einen Drachen darstellen soll.

Washington, Durham
Der Wurm von Lambton

Zuordnung: Schlangendrache/Wyrm

John Lambton, der junge Erbe von Schloß Lambton, zog es vor, sei-nen Vergnügungen nachzugehen, anstatt dem Gottesdienst in der Kir-che beizuwohnen. Während also das ganze Dorf Washington in der Kir-che betete, angelte er vergnügt am Fluß. Als jedoch nach Stunden immer noch kein Fisch angebissen hatte, stieß er einen gotteslästerli-chen Fluch aus. Da zitterte eine Welle über das Wasser und kurz darauf zerrte etwas an John Lambton's Angel. Er zog den Haken aus dem Was-ser und dachte zunächst, er habe eine Wasserschlange erwischt. Doch als er sich das Wesen genauer betrachtete, erkannte er zu seinem Entsetzen ein grausiges Ungetüm von Gestalt eines Wurms oder Blutegels, mit schleimiger schwarzer Haut, nadelförmigen Zähnen und neun kiemenartigen Schlitzen auf jeder Seite des Nackens, aus denen eine übelriechende Flüssigkeit entwich. Aus dem teuflisch dreinblickenden Drachengesicht stierten Augen, die aussahen wie vereiste Kohlen, und hypnotisierten den hilflosen John. All seine Sünden tanzten wie boshafte Gespenster vor seinen Augen. John wollte sich schnellstens von dieser grauenhaften Kreatur befreien und stieß sie in den nahe gelegenen Brunnen hinab.

Von diesem Moment an war John Lambton ein anderer Mensch. Er suchte Erlösung seiner sündigen Seele und trat einige Jahre später eine Pilgerreise ins Heilige Land an, nicht ahnend, daß der Drache in der Tiefe des düsteren Brunnens wuchs und gedieh. Eines Morgens entdeckten Bewohner des Dorfes Washington eine Spur aus bläulich glitzerndem, säurehaltigen Schleim, die vom Brunnen zu einem Hügel in der Nähe führte. Ein riesiger gliedloser Drache wand sich neunmal um den Hügel und dörrte mit seinem Schleim das Gras unter sich aus. Aus seinem Maul entwich spiralförmig giftiger Dampf und ließ die Blätter an den Bäumen welken.

Die Terrorherrschaft des Drachen begann. Er zerstörte die Felder, fraß Vieh und Kinder. Die Dorfbewohner versuchten, ihn mit täglichen Milchgaben zu besänftigen, und so wurde jede Kuh im Dorf ausschließlich für den Drachen gemolken. Immer wieder versuchten mutige Dorfbewohner, den Drachen zu töten. Aber jedesmal, wenn der Drache in Stücke zerhackt war, setzten sich die Teile wieder zusammen, und der Drache tötete seinen Angreifer.

Nach vielen Jahren kam John Lambton zurück und war entsetzt. Er fühlte sich für die Greueltaten des Drachen verantwortlich und wollte sein Land von dem Bösen befreien. Auf den Rat einer Hexe hin ließ er sich eine Rüstung mit scharfen Klingen auf der ganzen Oberfläche herstellen und lockte den Wurm in die Mitte des Flusses. Der Wurm schlang sich um John Lambton, um ihn zu zerquetschen, und wurde da-

Grossbritannien

bei von den scharfen Klingen der Rüstung zerschnitten. Die Strömung des Flusses trieb die Teile des Ungeheuers schnell davon, so daß sie sich nicht mehr zusammensetzen konnten. Der Drache war tot.

Nun hatte die Hexe jedoch gesagt, John Lambton müsse das erste Lebewesen, das ihm begegnete, ebenfalls töten, sonst würden neun Generationen seiner Nachkommen auf tragische Weise ums Leben kommen. Unglücklicherweise kam ihm sein Vater als erster entgegen, der glücklich darüber war, daß sein Sohn den Kampf überlebt hatte. John Lambton brachte es nicht über sich, seinem Vater das Leben zu nehmen, und tötete statt dessen seinen treuen Hund. Dieses Opfer reichte jedoch nicht aus, und so starben neun Generationen der Lambton-Erben auf tragische Weise.

Wells, Somerset
Der Bischof und der Drache

Zuordnung: Wyrm
Rund um das kleine Örtchen Wells machte einst ein Drache Mensch und Tier das Leben bitter. Bischof Jocelyn soll damals den Drachen selbst verjagt haben. Steinzeichnungen, die dort noch heute zu finden sind, erinnern an das Geschehen der damaligen Zeit.

Westbury, Wiltshire
Das weisse Pferd

Zuordnung: Klassischer Drache
Die Felsgravur bei Bratton Down, Westbury, die ein weißes Pferd darstellt, scheint noch jung zu sein und aus dem 18. Jahrundert zu stammen. Doch auf dem Hügel findet man noch eine Gravur, die weit

älter ist. Deses Bildnis sieht ebenfalls, ganz ähnlich wie das Weiße Pferd von Uffington, eher einem Drachen als einem Pferd ähnlich. Die Hintergründe für die Zeichnungen scheinen leider in Vergessenheit geraten zu sein.

Wherwell, Hampshire
Der Cockatrice von Wherwell

Zuordnung: Halbdrache/Cockatrice

Es wird berichtet, daß der Cockatrice (engl. cock = Hahn) aus einem runden ledernen Ei ohne Schale schlüpft. Dieses wird, nachdem es von einem siebenjährigen Huhn gelegt worden ist, wenn der Hundsstern Sirius aufsteigt, im Dung einer Kröte ausgebrütet.

Im Mittelalter wurde ein Cockatrice von einer Kröte im Keller der Priorei von Wherwell ausgebrütet. Er hatte den Kopf und die Beine eines Hahns sowie den Körper eines Drachen nebst Schwanz und Flügeln. Von den Nonnen der Priorei wurde er aufgezogen, bis sie die wahre Natur seines Wesens erkannten. Der Cockatrice zog sich daraufhin in den Keller zurück und tauchte von Zeit zu Zeit auf, um das Vieh der Region zu verschlingen und jeden anzugreifen, der sich ihm entgegenstellte.

Der Diener der Priorei erinnerte sich an eine alte Sage, nach der ein Cockatrice nur vom grausamen Blick seinesgleichen getötet werden konnte. Er stellte daraufhin einen Stahlspiegel in dem Keller auf, in dem das Biest lebte. Als der Cockatrice sein Spiegelbild sah, hielt er es für einen Eindringling und griff sofort an. Dabei tötete er sich selbst mit seinem Blick.

Grossbritannien

Wiveliscombe, Somerset
Der Teufel mit dem grünen Drachen

Zuordnung: Klassischer Drache

Im Jahre 1827 wurde die Kirche der Gemeinde Wiveliscombe restauriert. Dies gefiel dem Teufel gar nicht. Also beschloß er, die Kirche anzugreifen. Auf einem grünen Drachen mit vielen Köpfen reitend, überflog er das Kirchengelände und schleuderte große Felsblöcke auf die Kirche hinab. Doch der Geist des heiligen Andrew konnte die Kirche beschützen und den Teufel vertreiben.

Wormbridge, Essex
Der Drache unter der Brücke

Zuordnung: Wyrm

Der Ort Wormbridge erhielt seinen Namen von der nahebei stehenden Brücke, unter der einst ein Drache gelebt haben soll. Wahrscheinlich handeltr es sich dabei um das gleiche Untier, von dem in den Geschichten aus Brinsop die Rede ist.

Wormingford, Essex
Der Drache vom Stour River

Zuordnung: Wyrm

Zu Beginn des 15. Jahrhunderts erschien ein Drache im Wasserlauf des Stour River. Viele Wanderer fielen ihm zum Opfer, bis ihn eines Tages der mutige Sir Bertram de Haye tötete. Das gelang Sirt Bertram, indem er ganz einfach einen Baum fällte, der auf den Drachen fiel und ihn erschlug. Eine andere Erzählung berichtet allerdings, daß der heilige Georg den Drachen mit seiner Lanze zur Strecke gebracht haben soll.

Wormhill, Derbyshire
Knotlow Hill

Zuordnung: Wyrm

Östlich der Ortschaft Wormhill ist der Knotlow Hill zu sehen. Man erzählt sich dort, daß im Inneren dieses Hügels einmal ein Drache gelebt haben soll und daß die Furchen und Terrassen, die überall um den Hügel zu sehen sind, von dem langen Schwanz des Drachen in die Erde gezogen worden sind. In der Kirche der Ortes erinnert ein Bildnis an die heilige Margaret und den Drachen. *(Abb. rechts)*

Wormshill, Kent
Der Drache im Hügel

Zuordnung: Wyrm

In Wormshill, Kent, erzählt man sich ähnliches wie in Wormhill, Derbyshire. Genau wie dort soll auch im Hügel von Wormshill ein Drache gehaust haben. Ob er sich heute noch dort versteckt hält, weiß niemand so genau.

Grossbritannien

Der Drache von Wantley

Zuordnung: Klassischer Drache

Zur Zeit Elisabeths I. lebte in der Nähe von Wortley in einer Hütte, die Wantley genannt wurde, ein Drache. Er zertrampelte mit Vorliebe Bäume und fraß die Milchkühe der Bauern. Verzweifelt wandten sich die Dorfbewohner an den in der Nähe lebenden Ritter More von More Hall. Dieser versprach Abhilfe unter der Bedingung, daß eine junge hellhäutige, dunkelhaarige Dame am Abend vor dem Kampf seinen Körper mit Öl salbe und ihn am nächsten Morgen ankleide.

Während die jungen Damen des Dorfes darum eiferten, die Auserwählte zu sein, reiste More nach Sheffield. Er beauftragte einen Rüstungsschmied, eine Spezialrüstung mit 15 cm langen Spitzen herzustellen. Diesen stachelschweinartigen Harnisch nahm er mit sich, als er sich in seine Gemächer begab und auf die junge hübsche Dame wartete, die sich um ihn kümmern würde.

Am nächsten Morgen erschien er erstaunlich müde, so daß ihn die Dorfbewohner mit sechs Krügen Bier stärkten. Dann versteckte er sich in dem Brunnen, zu dem der Drache immer zur Tränke kam. Als das Ungetüm erschien, sprang More heraus und versetzte ihm einige Hiebe auf seine seine Schnauze. Vor Wut und Überraschung entlud sich der Drache ausgiebig in Richtung des Ritters. Daraufhin begann ein Kampf, der zwei Tage, zwei Nächte und noch einen halben Tag dauern sollte. Keiner der Streitenden konnte dem anderen eine Wunde zufügen, denn More war mit seinem Stachelharnisch unverwundbar, und der Drache hatte riesige kammuschelartige Schuppen, die ihn ebenfalls gut schützten.

Schließlich erinnerte sich der Ritter daran, daß die Dorfbewohner behauptet hatten, der Drache habe nur eine verletzbare Stelle. Er packte den Drachen am Hals, drehte ihn herum und stieß ihm seinen stacheligen Schuh ins Hinterteil. Mit einem Schmerzensschrei sprang der Drache in die Luft und drehte sich sechsmal um sich selbst, bevor er auf dem Boden zusammenbrach. Einige Minuten lag er dort noch, wobei es in seinem Gedärm fürchterlich rumpelte, und erlag dann den Verletzungen. More kehrte triumphierend zu seiner jungen Dame zurück.

Loch Ness, Schottland
Nessie, das Ungeheuer von Loch Ness

Zuordnung: Wasserdrache

Im Norden von Schottland, in der Talfurche des Glen More, liegt der See Loch Ness. Er ist 36 km lang,1,5 km breit und bis zu 230 Meter tief. Fast 30000 Menschen wollen dort das Seeungeheuer Nessie gesichtet haben.

1972 starb bei einem Transport von Seelefanten, die man von den Falklandinseln zum Londoner Zoo brachte, unterwegs ein Tier. Die Matrosen warfen den Kadaver über Bord. Das fünf Meter lange und eine halbe Tonne schwere Tier ging Fischern ins Netz, die es zum Scherz in den Loch Ness warfen. Zoologen hielten den Seeelefanten für Nessie und versetzten die Öffentlichkeit eine Woche lang in Aufruhr. 1987 wurde eine technisch aufwendige Suche nach dem Seeungeheuer gestartet, die jedoch ohne Ergebnis blieb.

143

Grossbritannien

Irland

Tristan und der Feuerdrache

Im tiefen und finsteren Mittelalter lebte in Irland ein gefürchteter Feuerdrache. Nahezu jede Nacht zog er durch das Land, brannte alles nieder und versetzte die Menschen damit in Angst und Schrecken.

Der König Irlands war verzweifelt, konnte er doch sein Volk nicht ausreichend vor der Brandschatzung des Drachen beschützen. In seiner Not rief er öffentlich das Versprechen aus, das derjenige, der den Drachen besiegte, die Hand seiner schönen Tochter Isolde erhielte. Doch niemand im irischen Königreich brachte den Mut auf, sich dem Drachen zu stellen. Er hatte in der Vergangenheit zu viele Bauern und tapfere Ritter getötet.

Am Hofe des Königs weilte zu der Zeit Tristan, ein junger Ritter und Neffe des Königs Marke von Cornwall. Er sollte im Auftrag seines Onkels um die Hand Isoldes anhalten. Doch Tristan wähnte sein Unterfangen aussichtslos, denn König Marke war schon alt. Wie sollte eine junge Prinzessin Gefallen an einem betagten König finden?

Als Tristan aber hörte, welches Versprechen sein Gastgeber da gab, beschloß er sogleich, den Drachen zu töten. Wäre er in der Drachenjagd erfolgreich, so könnte er Isolde mit sich nehmen und seinem Onkel als Braut mitbringen.

Tristan war im Umgang mit Drachen wohl bewandert. So wußte er, daß es für einen Feuerdrachen kaum etwas Gefährlicheres gibt als Wasser. Er füllte einen großen Weinbeutel mit Wasser, brachte diesen über dem Eingang der Drachenhöhle an und legte sich in der Nähe auf die Lauer.

Doch Tristan wurde heimlich von einem Burschen der Dienerschaft des Königs verfolgt. Der war feige und hegte keinerlei Absicht, Tristan nötigenfalls zu Hilfe zu eilen. Statt dessen trug sich der Bursche mit der Hoffnung, an Stelle des Ritters selbst als Held gefeiert zu werden, indem er dessen Sieg zum seinem machte. Wie das vor sich gehen sollte, wollte er im Laufe der Kampfes entscheiden.

Nach einiger Zeit trat Tristan mutig vor die Drachenhöhle und rief den Drachen heraus, der auch prompt erschien. Der angebrachte Wasserbeutel fiel auf den Drachen und verursachte dem Untier große Wunden und Schmerzen. Doch der Drache war stark, und ein Kampf auf Leben und Tod entbrannte. Viele Stunden vergingen, bis Tristan schließlich den Sieg davontragen konnte. Verletzt und erschöpft hatte er gerade noch die Kraft, dem toten Drachen die Zunge abzuschneiden und in seinen Beutel zu stecken. Danach brach er bewußtlos zusammen.

Der listige Hofdiener hatte alles von einem Versteck aus beobachtet und glaubte, daß seine Stunde jetzt gekommen sei. Er nahm das Schwert des ohnmächtigen Tristan und trennte den Kopf des Drachen mit einem kräftigen Hieb von dessen Rumpf. Diesen Kopf brachte er dem König und stellte sich selbst als Helden dar, um die Hand der Prinzessin einzufordern.

Isolde wußte nicht ein noch aus. Sie traute der Sache nicht, auch wollte sie keinen Diener zum Manne. Heimlich schlich sie sich vom Hofe und begab sich zur Drachenhöhle, um dort selbst ein Bild von den Geschehnissen zu machen.

Als die junge Prinzessin Tristan wundgeschlagen und im Schlafe der Erschöpfung am Boden liegen sah, erkannte sie sofort den Betrug. Von seinen feinen Gesichtszügen in Bann gezogen, gewann sie Gefallen an dem Ritter und befahl ihren Dienern, ihn heimlich zum Schloß zu tragen, um dort seine Wunden zu versorgen. Tristan konnte sie sich, im Gegensatz zu dem verschlagenen Diener, gut als Retter und Gemahl vorstellen und so pflegte sie ihn aufopfernd. Sie konnte nicht ahnen, was Tristans Plan und Auftrag war.

Nur zwei Tage berief der König eine Versammlung am Hofe ein, um den Tod des Drachen zu verkünden. Auch das königliche Versprechen, die Hand der Prinzessin für den Sieg über den Drachen, sollte eingelöst werden. Isolde und ihr Vater saßen jeder auf einem Thron, beide trugen edelste Gewänder, aus Gold gesponnen und mit Edelsteinen besetzt. In

Irland

146

Europa

größter Erwartung und mit stolzgeschwellter Brust erging sich der feige Diener vor dem König und seiner Tochter sowie dem ganzen Saal, in dem zahlreiche Ritter und Edelleute versammelt waren, lauthals in Prahlereien über seine angebliche Heldentat.

Doch genau in dem Moment, als der König begann, seine feierliche Ansprache zu halten, stürmte Tristan in den Saal und forderte im Namen seines Onkels die Hand der Prinzessin Isolde. Der König war überrascht und fragte den jungen Ritter, mit welchem Recht er um die Hand seiner Tochter anhalte. Dieser antwortete, er habe das Recht durch sein Schwert und den Tod des Drachen erworben. Als der Hofstaat dies hörte, war das Erstaunen groß, aber man bemerkt auch die tiefe Ernsthaftigkeit des jungen Mannes. Der König allerdings wurde von Zorn ergriffen und beschimpfte Tristan als anmaßenden Lügner, wisse doch jeder, daß der Diener den Drachen zur Strecke gebracht hatte.

Da ergriff Isolde das Wort und bat den königlichen Vater, Tristan anzuhören. So erteilte der König Tristan den Befehl zu reden, der erwiderte jedoch, man solle den Drachen sprechen lassen, griff in seinen Beutel und zog die abgetrennte Zunge des Drachen hervor. Tristan forderte den König auf, im Maul des Drachen dessen Zunge zu suchen. Bestürzt mußte der lügnerische Diener mit ansehen, wie der Schlund des Drachen geöffnet wurde und das Fehlen der Zunge zu Tage trat.

Der Betrug war damit aufgedeckt. Tristan erklärte nun, daß er die Hand der Prinzessin nicht für sich einfordere, sondern für seinen Onkel, König Marke von Cornwall. Isoldes Vater fand Gefallen an Tristans Anliegen, denn der König von Cornwall hatte einen guten Ruf und war zudem noch reich. So stimmte auch Isolde zu, denn sie erhoffte, Tristan doch noch für sich zu gewinnen.

Tristan entbrannte tatsächlich für Isolde, hielt allerdings seinem Onkel die Treue und verzichtete auf die Erfüllung seines Sehnens. Doch die Liebe der Unglücklichen wurde im Laufe der Jahre immer tiefer. Deshalb beschlossen sie eines Tages, gemeinsam in den Tod zu gehen, um sich von ihrem Schmerz zu erlösen.

Irland

Island

Jormungandr, die Midgardschlange

Zuordnung: Schlangendrache

Diese Sage ist eine Überlieferung aus der Edda, dem altnordischen Mythenzyklus:

Die Midgardschlange Jormungandr war von Loki, dem Gott des Bösen, ausgebrütet worden. Sie wand sich mit ihrem ebenholzfarbenen, schuppigen Körper um die ganze Erde, wobei ihr grausiger Drachenkopf und ihr endloser Hals Land und Berge überragten. Nur der Tod war schrecklicher anzublicken. Als die Asen, die nordischen Götter, sie sahen, trat Odin, der Allwissende, hervor und schleuderte sie in den Ozean. Dort wuchs sie heran, verborgen vor den Göttern und Menschen, und umschlingt nun den ganzen Globus, wobei sie sich selbst in den Schwanz beißt. So wird sie bleiben bis zu Ragnarök, dem Tag des letzten Kampfes. Dann wird sie dem mächtigsten Asen, Thor, dem Gott des Donners, gegenübertreten.

Nidhögg

Zuordnung: Klassischer Drache

Yggdrasil ist nach der Edda der heilige immergrüne Baum im Mittelpunkt der Welt. An seinen Wurzeln nagt der Drache Nidhögg (er ernährt sich vom Fleisch toter Männer), und auf seinem Wipfel sitzt ein Adler. Das Eichhörnchen Ratatoskr trägt die Nachrichten zwischen diesen beiden hin und her. Unter Yggdrasils Wurzeln entspringen das Wasser des Urwerdens und der Schicksalsquell, aus dem Mimir (der Träger der Welterinnerung) trinkt.

Europa

Island

Italien

Tschötsch bei Brixen in Südtirol*
Der Tatzlwurm

Zuordnung: Halbdrache

In einer lauen Frühlingsnacht, da bereits alles schlief, fuhr einst ein ein Bauer mit seinem Fahrrad von der Stadt, wo er mit seiner Tuba aufgespielt hatte, heim aufs Land. Das mag um das Jahr 1930 herum gewesen sein. Der Mann hieß Toni, war an die 35 Winter alt und galt bestimmt nicht als ängstlich. Da er nun einige Kilometer gefahren war, stieg er bei einem Bauernhaus ab und lehnte das Fahrrad an die Mauer des Hauses. Ab dort führte nämlich das schmale Sträßlein steil bergan, also zog es der Heimkehrer vor, die letzte Viertelstunde Wegs zu Fuß über einen Abkürzungssteig durch die Weinberge hinter sich zu bringen.

Im Westen stand ein schläfriger Mond. Wie Vorhänge zogen leichte Wolken an ihm vorüber. Da wurde es mit einemmal finster, und der Toni hielt kurz still in seinem nächtlichen Aufstieg. Früher einmal, da war der Weg besser, kam es ihm in den Sinn, während er die Wolken verwünschte. Damals ist man sogar gefahren auf diesem Steig. Da hat man selbst die Leichen der Verstorbenen heraufgeschafft zu dem kleinen Gottesacker am Hügel rund um die Kirche. Schließlich aber wurde der Weg den Leuten zu schlecht, und man begann, einen bequemeren Weg durch ein weites Tälchen anzulegen. Dieses neue Sträßchen war zwar nichts Besonderes, doch die neue Zeit verlangte es eben so.

Der Steig da wächst überhaupt bald ganz zu, stellte der Toni in einer kleinen Verschnaufpause weiter fest, ein Fremder findet ihn bald nicht mehr. Dabei hielt der Toni Ausschau nach einem Bildstock, der da aus den kahlen Weinbergen hell gekalkt herunterleuchtete, und ging weiter.

*Quelle: Fink, Hans: Volkserzählungen aus Südtirol; unveröffentlichte Quellen, gesammelt und zusammengestellt. Münster, 1969

151

Italien

Eigentlich hätte ich den Bildstock schon lieber hinter mir, dachte er sich, dann wäre ich bald daheim. Und gleichzeitig fiel ihm die alberne Geschichte vom Manuel ein, der gerade hier oft ein Licht hatte blitzen sehen hatte, einmal klein, dann wieder größer und einmal sogar riesengroß, als eben ein Nachbar gestorben war. Und einen Sarg mit brennenden Kerzen wollte er auch gesehen haben an der Stelle, und rundherum hatte er laut betende Stimmen gehört, doch es war niemand zu sehen gewesen.

Nun war der Toni beim Bildstock angelangt. Schnell wollte er daran vorbeischlüpfen, zog aber noch fromm den Hut. Da verbarg sich der Mond wieder hinter einer Wolke. Und als es wieder hell wurde, da ... da drohte dem Toni das Herz stillzustehen! Ein riesiges Ungetüm mit unförmigem Kopf und endlosem Schwanz kam pfeifend und keuchend auf ihn zu. Der Toni hatte gerade noch soviel Geistesgegenwart, sich hinter der Kapelle zu verbergen. Aber das gespenstisch große Ungetüm blieb da, schaute pfeifend in die Runde und setzte erst nach Minuten prustend und leise schwankend seinen Weg fort, bergab, recht langsam und bedächtig, und blieb immer schön am Steig.

Heiliger Gott, kam es dem Toni gequält aus der Brust. Das ist jetzt der Tatzlwurm gewesen. Und ich habe Glück gehabt, daß er mich im Schutz der Kapelle da nicht gerochen und gesehen hat. Und damit rannte er los, stieß aber unglücklicherweise mit seinem Blasinstrument an die Kapellenmauer. Das tat einen grausigen Ton ..., doch mit diesem war auch der Spuk am Steig im Nu verschwunden! Wie von einer Tarantel gestochen sprang der Toni die nur noch wenigen Meter bis zu seinem Häuschen bergan, stürzte dort in seine Kammer und dankte laut und inbrünstig seinem Schutzengel. Das war etwas, das er sonst nach den oft angeregten Musikproben kaum einmal zu tun pflegte. Dann schlief er endlich ein.

Im Traum sah er lodernde Feuer am Bildstock zwischen den Weinbergzeilen, wunderte sich, daß da mit einemmal mehrere schwarze Särge und viele Kerzen standen, und sah zu allem Überfluß auch noch das Ungetüm auf sich zukommen, drohend, gespenstisch und riesenhaft.

152

Damit wachte der Toni auf. Und nun waren es auf einmal laute Schreie, die vom Bauernhaus, wo er sein Fahrrad an die Mauer gelehnt hatte, zu ihm herauf drangen. Jetzt ist das Ungetüm drunten beim Nachbarn, fuhr es dem verängstigten Toni durch den Kopf. Er hoffte sehr, daß es dort keinem etwas zuleide tun würde, denn er war gut Freund mit seinem Nachbarn, bei dem er schon ungezählte Male gratis ein Krüglein getrunken hatte. Angestrengt lauschte der Toni noch eine Weile hin.

Da es aber ruhig wurde und sich die Dorfhunde still verhielten, mußte wohl die Gefahr gut vorübergegangen sein und der wüste Tatzlwurm sich in seine Höhle verkrochen haben, die drüben liegen sollte, wo der stürmische Wildbach zum Wasserfall ansetzte. Noch einmal sich Stirne, Mund und Brust mit Weihwasser betupft und einen flehenden Blick auf eine Heiligentafel geworfen, dann versuchte der Toni wieder einzuschlafen. Den dummen Steig am Bildstock vorbei werde ich nie mehr unter die Füße nehmen, dachte er und sah sich dann im Traum schön langsam und brav das neue Sträßchen bergan marschieren, wie es eben die anderen Dorfleute längst zu tun gewohnt waren.

Anmerkungen:

Der Tatzlwurm zählt zu den bekanntesten Tieren der Tiroler Volkssage und ist wohl die Miniaturausgabe eines Drachen. Unzählige wollen den Tatzlwurm schon gesehen und erlebt haben. Er sei furchtbar giftig, gehe auf Menschen los, könne fliegen und stoße eigenartige Pfiffe aus. In manchen Berichten wird er mit dem Haselwurm verwechselt. Seinen Namen verdankt der Tatzlwurm seinen tatzenartigen Füßen.

Obige Erzählung stammt aus dem Munde des Kleinbauern Toni Ramoser, genannt „Zelten Toni", aus Tschötsch, unweit von Brixen. Er war es übrigens selbst, der den Tatzlwurm erlebte. Daß die Geschichte ein Nachspiel hatte, erfuhr er erst später: Der Tatzlwurm, dem Toni bei der Kapelle begegnet war, war nämlich nichts anderes gewesen als ein großer Kater. Dieser war auf Milchdiebstahl ausgewesen und hatte sich in der Gier so tief in einen irdenen Krug hineingezwängt, daß er nicht mehr herauskam. Mit diesem Krug über dem Kopf fauchte er nach Luft ringend. Drunten beim Nachbarn aber hatte

Italien

man den „Tatzlwurm" erkannt und mittels eines Hiebes mit einem Knüttel auf den irdenen Krug aus seiner Gefangenschaft erlöst. Für den in Schrecken versetzten Toni aber blieb es dabei, das nächtliche Ungetüm beim sagenumwobenen Bildstock war der Tatzlwurm gewesen.

Kroatien

*Orfü**

Der Wetterdrache im Jakobsberg

Zuordnung: Wetterdrache

Bei Orfü ist in den Bergen ein Wetterdrache zu Hause, der schon manchen Schaden angerichtet hat. Die Orfüer Schwaben sagen aber, das sei erst der Anfang, das richtige Unheil komme erst, wenn er reif sei.

Wenn man von Orfü am Wasser entlang in die Berge geht, dann kommt man auf den Jakobsberg. Dort ist auch die Stelle, wo der Wetterdrache in der Erde wohnt. Man konnte dort bei kleinen Unwettern so ein Brausen vernehmen, und es zog sich so etwas wie eine Wolke oder ein trübes Wasser zusammen. Wenn sich dies zeigte, dann sagten die Orfüer und die Rakoscher Schwaben, daß der Wetterdrache sich drinnen im Berge wieder gerührt hat.

Von diesem Drachen im Jakobsberg gibt es viele Geschichten. Es heißt, er halte jemand bei sich gefangen, ein Mädchen. Dieses muß ihm das Essen herrichten, das ihm der verlorene Schüler bringt. Dieser verlorene Schüler vom Jakobsberg hat sich in Ackerweg, in Abaliget und Kann gezeigt. Er ist gut zu erkennen, besonders im Sommer, wenn er nur ein leichtes Hemd trägt. Er hat oben und unten je zwei Reihen Zähne im Mund, wovon dieser ganz groß ist und mit ganz breiten Lippen bestückt. Am Rücken hat er ein Zeichen, das scheint oft durch das Hemd durch, so von Haaren ein Kreuz. Dieser verlorene Schüler erbettelt die Milch, die Eier und das Brot für sich und den Wetterdrachen zusammen.

Der Wetterdrache im Jakobsberg ist einer von den größten im ganzen Metschekgebirge. Er hat schon sechs Köpfe, und der siebte wächst ihm noch. Wenn alle sieben Köpfe, ausgewachsen sind, dann ist er reif. Dann wird er aus dem Berg ausbrechen, und es wird ein schreckliches Unglück geben und das ganze Gebiet untergehen.

---

*Quelle: Diplich, Hans/Karasek, Alfred: Donauschwäbische Sagen, Märchen und Legenden, Heft 6. München, 1952

Österreich

Afrizer See und Brennsee in Kärnten*
Die Nixe und der Drache

Zuordnung: Lindwurm

An Stelle der zwei Seen, welche heute einen freundlichen Schmuck der Gegend bilden, breitete sich in grauer Vorzeit eine einzige große Wasserfläche aus, in deren klarem Spiegel der Mirnock (ein Berg am Ufer des Sees) sein Haupt beschaute.

In dem See lebte eine schöne Nixe, die gerne einsame Fischer anlockte und jeden, der in ihre Nähe kam, zum Grunde zog. Eifersüchtig beobachtete ein scheußlicher Drache, der auf den Hängen des Mirnocks hauste, ihr Treiben. Er liebte das herrliche Weib, hatte es aber immer nur aus der Ferne gesehen. Die Nixe jedoch verabscheute den häßlichen Gesellen, da ihr die lustigen Landburschen besser gefielen, deren Gesängen sie gerne lauschte. Besonders einer der Jünglinge, der in einer nahen Hütte wohnte, lag ihr am Herzen. Kam der Abend, so fuhr er mit seinem Boot auf den See hinaus, wo ihn das Wasserweib erwartete und ihn brünstig an ihren schönen Leib zog.

Ging es dem Drachen schon nahe, sich von der Nixe verschmäht zu wissen, so grämte er sich noch mehr, als er in einer schönen Mondnacht einen Kahn über die schimmernden Wellen gleiten sah und darin den Burschen erblickte, um den die Nixe ihre weißen Arme schlang. Bei diesem Anblick schüttelte er sich vor Wut und schlug in jäh aufwallendem Zorn mit dem Schwanze so heftig auf den Berg, daß dieser erbebte und große Felsblöcke niederstürzten. Das Liebespaar im Kahn wurde von den herabfallenden Felsen erschlagen und das Becken des großen Sees von Schuttmassen zum Teil verschüttet. So entstanden aus dem einen zwei Seen, der Brennsee und der Afrizer See. Seit jener Zeit ist auch der Drache verschwunden. Heute spiegelt sich der Mirnock mehr

*Quelle: Graber, Georg: Sagen aus Kärnten. Leipzig, 1914

Europa

im Afrizer See. Zwischen diesem und dem Brennsee breitet sich jetzt ein Weiden- und Ackergürtel, Wiesen genannt. Man glaubt, daß ein tiefer Tümpel, der sich dort befindet, unterirdisch mit dem Afrizer See in Verbindung steht.

Bezau im Vorarlberg
Der Jolerbühel

Zuordnung: Klassischer Drache

Vor langer Zeit stand auf einem schönen Feld am oberen Ende des Dorfes Bezau ein reiches und prächtiges Bauernhaus. Eines Tages kam ein fremder Bettler und bat den Bauern um ein Almosen. Da der Bauer aber hartherzig und geizig war, wies er dem unbekannten Mann die Tür. Im Gehen drehte sich der Bettler noch einmal zornig um und sprach mit drohender Stimme: „Warte nur, dafür werde ich dir etwas bringen!"

157

Österreich

Der Bettler war kaum verschwunden, da verfinsterte sich der Himmel, und vom Gebirge her, aus dem Gräfentobel herab, hörte man ein furchtbares Tosen. Plötzlich schossen riesige Wassermassen in Strömen herunter und rissen Felsbrocken und Tannen mit sich, Felder und Wiesen wurden überschwemmt. Inmitten dieser tobenden Flut erschien der unbekannte Bettler. An einer roten Schnur führte einen gewaltigen Drachen mit sich, mit dem er vor dem Haus des reichen Bauern stehenblieb. Der Drache stieß mit seinem mächtigen Schwanz alles Geröll und dicke gebrochene Baumstämme gegen das Haus, bis alles verschüttet war und ein großer Felshaufen sich auftürmte.

Zum größten Erstaunen der Leute führte der unbekannte Mann seinen Drachen an der roten Schnur mitten durchs Dorf hinab, schlug den Weg in Richtung Andelsbuch ein und verschwand. So wurde der Geiz des Bauern gerächt, und niemand erfuhr je, woher der Mann mit dem Drachen gekommen war und wohin er zog. Der Johlerbühel, wie der Felshaufen genannt wird, breitet sich noch heute auf dem freien Feld als Warnung aus, wie Geiz und Hartherzigkeit schon zu Lebzeiten bestraft werden können.

Brand im Vorarlberg
Der Drachentöter von Brand

Zuordnung: Klassischer Drache

Oberhalb des Gasthofs der Familie Kegele in Brand hauste einst ein grausiger Drache, der großes Unheil unter Mensch und Vieh anrichtete. Die Almen Barfienz und Palüd waren nicht mehr sicher seinetwegen. Die Bauern im Tal, die sich um das kleine gotische Kirchlein anzusiedeln begannen, wurden oft vom Drachen heimgesucht. Niemand wußte Rat, wie das Untier zu vernichten sei, und auch von außerhalb konnte niemand helfen.

Eines Tages kam einer vom fahrenden Volk (Schausteller). Der Bur-

159

Österreich

sche versprach Hilfe, die sei jedoch ebenso gräßlich wie gründlich. Die Leute willigten dennoch ein. Als er fragte, ob er den Drachen durch das Feuer oder das Wasser vernichten solle, kratzten sich die Bauern unsicher hinterm Ohr und hielten Rat. Die Macht des Wassers kannten sie, waren sie doch umgeben von Wildbächen. Das Feuer, so dachten sie, mochte noch schlimmer sein. Sie entschieden sich für das ihnen bekannte Übel, aber was sie erwartete, ahnten sie nicht.

An einem der folgenden Abende kam dann das Unheil. Es blitzte, daß das ganze Tal erhellt war, es donnerte und toste, wie wenn der Himmel zusammenfiele, es goß und schüttete wie aus Eimern. Die Anwohner flüchteten verängstigt auf die andere Talseite, was auch gut war. Gegen Mitternacht wurde das Getöse noch lauter, und man sah im Schein der Blitze, wie sich drüben an der Drachenhöhle der Hang löste und mit Tosen Erde, ganze Bäume und Gesteinsbrocken vermischt mit riesigen Wassermassen ins Tal herabwälzte. Mitten in der Lawine wandt sich der schreckliche Wurm und fauchte. Auf einmal blitzte es hell auf und ein Schlag fuhr mitten in den Morast, dann fiel finstere Nacht über das Tal. Das Donnern und Grollen war kaum noch zu hören, dafür aber das Heranpoltern der Geröllmassen. Sie bahnten sich einen Weg bis zum Bach bahnten und füllten sein Bett, oberhalb dessen die Flüchtlinge ängstlich zusammenkauerten.

Am nächsten Morgen bot das Tal einen schrecklichen, verheerenden Anblick. Am schlimmsten war der gefürchtete Berg zugerichtet: Wo einst der Weg hinauf gewesen war, sah man nun eine Mulde und darunter war alles bis zum Bach hin verwüstet. Vom Mühlbächlein bis zur Kirche war alles von Geröll umschlossen, und weiter gegen die Tschapina lag Stein auf Stein. „Das ist das Drachengrab", sprachen die Männer mit ernstem Blick zu Weib und Kind. Der Fahrende aber war verschwunden.

Gallinatobel im Vorarlberg
Der Drache vom Gallinatobel

Zuordnung: Wetterdrache

Im Gallinatobel (Tobel: Hohlweg) beim Nesselbrunnen liegt ein gewaltiger Stein mit dem Namen „Heerahus-Stee". Früher stand er auf drei weiteren Steinen und man konnte unter ihm durchkriechen. Ein Geißhirt hat das auch etliche Male gemacht und dabei oft Münzen, Zehnkreuzerstücke und Batzen (alte Münzart) darunter gefunden. Der Vater des Hirten war ebenfalls erpicht auf das schöne Geld und kroch seinerseits unter den Stein. Da begann es zu regnen wie aus Kübeln, es donnerte und blitzte, und ein fürchterliches Unwetter begann zu toben. Das Wasser im Bach türmte sich haushoch und wälzte riesige Schlammassen vor sich her, so daß der Schatzsucher Hals über Kopf fliehen mußte.

Seit dieser Zeit ist die Höhlung unter dem Heerahus-Stee verschwunden, und man erzählt sich, daß darunter ein Schatz verborgen

Österreich

sei, den ein Drache hüte. Dieser Drache sei auch für die Unwetter, die seitdem immer wieder toben, verantwortlich. Er werde einst, wenn es an der Zeit sei, bei einem solchen Unwetter herauskommen, so daß Gadon, Laz und Gampelün und die ganze Gegend glauben, dies sei der Weltuntergang. Wer dann auf der gedeckten Brücke in Feldkirch stehe, der werde steinreich werden.

Die Drachenjungfrau in der Gerloswand

Zuordnung: Halbdrache

Viele Jahre ist es her, da lebte im Pinzgau eine stolze Jungfrau, eines Grafen Kind, die von der Natur mit allen Vorzügen des Geistes und des Leibes bedacht war. Sie fühlte sich daher auch über alle Menschen erhaben, war anmaßend und hochmütig. Ja, sie verachtete sogar ihre eigene Mutter, die sich über die Kälte und Lieblosigkeit ihrer Tochter zu Tode grämte.

Eines Tages aber brach die Strafe des Himmels für dieses unkindliche Verhalten über die Jungfrau herein. Schwer und lang war die Buße, die ihrem Hochmut auferlegt wurde: Eine mächtige Bergfrau verwandelte sie in ein Wesen, halb Drache, halb Weib, und bannte sie in eine Felsenhöhle im Inneren der Gerloswand (Gerlos: Gebirgszug). In großer Einsamkeit, dem Licht der Sonne entrückt, hat sie nun Zeit zu bereuen, was sie verschuldet, und darf nur alle hundert Jahre einmal aus der Tiefe emporsteigen, um auf den zu warten, der sie erlösen soll. Erlösung kann sie aber nur finden, wenn ein beherzter Jäger ihr den Kuß der Liebe weiht.

Einmal ist sie schon aus ihrer Höhle hervorgekommen. Glockengeläute im Tal verkündete ihr Erscheinen, aber niemand traute sich in ihre Nähe. Endlich faßte ein mutiger Jägersbursche den Entschluß, das Erlösungswerk zu wagen. Tapfer schritt er auf die Felswand zu, wo die furchtbare Schreckensgestalt ihm schon von weitem entgegenrief: „Zittere nicht, du Lieber! Erscheine ich dir auch jetzt noch schrecklich und grauenhaft, so wird dein Entsetzen weichen und Freude und Glück dich erfüllen, wenn deine Lippen meinen Mund berührt haben. Weichst du aber von mir zurück, so sind wieder hundert Jahre Elend und Einsamkeit mein Schicksal.„ Mutig versprach ihr der Jäger, vor nichts zurückzuweichen. Als er sie aber in der Nähe in ihrer ganzen furchteinflößenden Häßlichkeit sah, wich er entsetzt zurück. Wohl versuchte er, ein zweites und drittes Mal näher zu treten, aber als der eisige Hauch ihres Mundes sein Gesicht umgab, taumelte er schwindelnd zurück und lag im nächsten Moment zerschmettert unten am Rand der Felswand.

Mit einem Jammerschrei wandte sich die Drachenjungfrau dem Felsen zu und muß nun wieder in ihrer finsteren Höhle, in Grauen versunken, hundert Jahre warten, bis sich vielleicht dann ein tapferer junger Mann findet, der sie ihrem Gefängnis entreißt und wieder in einen Menschen verwandelt

Klagenfurt in Kärnten
Der Lindwurm von Klagenfurt

Zuordnung: Lindwurm
Es gab einst eine Zeit, da war die Gegend zwischen dem Wörthersee und der Drau ein wüster, sumpfiger Landstrich. Moos und dichtes Gestrüpp bedeckten den Boden, Ur und Eber hausten in der undurchdringlichen Wildnis, und keines Menschen Fuß betrat ungefährdet dieses unheimliche Gebiet. An den Hängen der Berge aber weideten fette Rinderherden, fröhliche Menschenkinder gingen dort ihrer täglichen Arbeit nach. Allerdings kam es oft vor, daß ein Rind aus der Herde spurlos verschwand, daß ein Mensch, der sich auf die Suche in jenes düstere Dunkel vorwagte, nicht mehr zu den Seinen zurückkehrte. Ein unbekannter Feind mußte dort sein Unwesen treiben, mußte manchmal

in die friedlichen Herden einbrechen und Tod und Verderben verbreiten. Zuzeiten, besonders bei schlimmem Wetter, hörte man aus der weiten Ebene, über der ein ewiger Nebel lastete, ein dumpfes Knurren, ein scheußliches Heulen. Vergebens hatte der Herzog des Landes demjenigen Reichtum geboten, der den Sitz des geheimnisvollen Ungeheuers auszuforschen und es zu vernichten in der Lage war. Keiner wagte sich in die schauerliche Einöde, wo ein gräßlicher Tod auf ihn lauerte; Furcht und Entsetzen hielten alle zurück.

Als dann die Not zu groß wurde, beschloß man, das Untier aus seinem Schlupfwinkel herauszulocken. Bald war auf der höchsten Stelle am Rande des Sumpfes ein fester, wohlbewehrter Turm errichtet, der weit in das Land Aussicht bot. „Wer es wagt", ließ der Fürst dem Volke verkünden, „den Feind mit List oder Gewalt aus dem Weg zu räumen, dem soll reicher Lohn zuteil werden. Der Turm und alles Land, das der gefräßige Zahn des Ungeheuers jetzt beherrscht, sei sein Eigentum. Er sei sein eigener Herr, und wäre es auch ein Sklave." Da erbot sich ein mutiges Häuflein von Knechten, den Kampf mit dem Feind aufzunehmen.

Ein feister Stier wurde mit einer starken Kette am Turm befestigt, ein mächtiger Widerhaken daran angebracht. Weithin erscholl das Gebrüll des unwilligen Bullen. Bald erhob sich ein Getümmel im Sumpf, hochauf spritzte die Gischt, und ein scheußlicher Lindwurm schoß aus den Nebeln hervor. Geflügelt und panzerbewehrt mit unheimlich glotzenden Augen, Dampf aus den Nüstern schnaubend, bot das Ungetüm einen scheußlichen Anblick. Pfeilgeschwind sauste es auf den ängstlich zurückweichenden Stier los, schlug seine grimmigen Krallen in dessen zitternde Flanken, und der ungeheure Rachen erfaßte die willkommene Beute. Da bohrte sich das gekrümmte Eisen in den weichen Gaumen des Drachen und riß eine gräßliche Wunde. Von rasenden Schmerzen gepeinigt, erhob das Ungeheuer ein entsetzliches Gebrüll, schlug mit dem Schwanz um sich, daß der Schlamm himmelhoch aufspritzte, und grub in wildem Toben seine scharfen Krallen tief in den Bauch des verendenden Rindes. Laut riefen die Knechte: „Rasch heran, wir wollen das scheußliche Vieh töten, ehe es loskommt!" Mutig sprangen sie vor und erschlugen es mit eisernen Keulen.

An der Stelle, wo der Kampf mit dem Drachen stattfand, erhob sich bald ein friedliches Dörfchen; der Herzog aber erbaute sich dort eine schützende Burg. Nachdem der schreckliche Feind vernichtet war, wagte man es auch, in den Sumpf vorzudringen. Das Gestrüpp wurde gerodet, das Wasser abgeleitet und der Boden trockengelegt. Bald zog der emsige Pflug seine Furchen über das fruchtbare Land. Aus dem Dörfchen aber wurde allmählich eine bevölkerte Stadt. So entstand die nachmalige Hauptstadt des Landes, Klagenfurt. Zur Erinnerung an den Kampf mit dem Untier wurde der besiegte Lindwurm mit dem schützenden Turm in das Wappen der Stadt aufgenommen; das Standbild des Ungetüms aber prangt, in Schiefer gehauen, auf dem Neuen Platz. Noch vor etwa hundert Jahren zeigte man im Archiv des Rathauses den an einer Kette hängenden Kopf des Lindwurms, und an der Straße beim Zollfeld konnte man eine etwa fünfhundert Schritt lange und zwanzig bis dreißig Schritt breite Vertiefung sehen, in der der Lindwurm sein Lager gehabt haben soll.

Laufen in Oberösterreich
Der Drache zu Laufen im Oberland

Zuordnung: Lindwurm

Im Oberland oberhalb von Laufen hielt sich vor langer Zeit in einer düsteren Höhle ein mächtiger Lindwurm auf, der die ganze Umgebung mit Furcht und Grauen erfüllte. Wochen- und monatelang schlief das Untier in seiner vom Volk ängstlich gemiedenen Behausung und rührte sich nicht, nur das rasselnde Schnarchen des Ungeheuers drang nach außen. Wenn aber der Hunger den scheußlichen Lindwurm aus dem Schlafe weckte, kam er aus seinem finsteren Loch gekrochen, und alle Lebewesen, ob Mensch oder Tier, die in den Bereich seines giftigen

Pesthauches gerieten, waren verloren. Betäubt fielen sie zu Boden und wurden eine Beute des schrecklichen Drachen.

Um zu verhindern, daß das gefräßige Untier aus seiner Höhle herauskam, in der Gegend herumstreifte und so noch größeres Unheil anrichtete, beschlossen die Bewohner, ihm Futter, das waren ihre Ochsen und Kühe, vor das Drachenloch zu bringen. Aber der Futterverbrauch des Drachen war so gewaltig, daß sich die Viehbestände auf den Almen bedenklich lichteten. Da entschloß man sich, den Versuch zu wagen, den Lindwurm zu töten. Ein ausgehungerter Ochse, dem man einen Futtersack vor dem Maule anbrachte, sollte mit verbundenen Augen zum Drachenloch getrieben werden. Um den Leib des Ochsen wollte man mehrere Säckchen mit ungelöschtem Kalk binden in der Hoffnung, der Drache werde sie beim Fressen mit hinabschlingen und daran zugrunde gehen.

Es erhob sich nun die Frage, wer den Ochsen in die Höhle des Lindwurms treiben sollte. Das war ein gefährlicher Gang; denn wenn der verderbliche Hauch des Untieres den Treiber erreichte, war er verloren; daher sollte das Los entscheiden. Es traf den Schulzen des Ortes, der sich unter dem Jammer seiner Familie anschickte, den gefährlichen Weg anzutreten. Da sprang ein junger Bursche vor, der die Tochter des Schulzen liebte, und erklärte sich bereit, an seiner Stelle den Gang zum Drachenloch zu unternehmen. Er hoffte, im Falle des glücklichen Gelingens die Hand der Geliebten zu erringen.

Nachdem der Jüngling eine lange Leine um einen Baum geschlungen und das andere Ende an seinem Gürtel befestigt hatte, trieb er, mit einem langen Spieß bewaffnet, den Ochsen vor sich her zur Höhle. Mit Bangen blickten ihm die Dorfbewohner nach und harrten auf den Ausgang des gefährlichen Wagnisses. Als der Ochse in die Nähe des Drachenloches gekommen war, witterte der hungrige Lindwurm seine Beute und kam aus der Höhle heraus. Noch ehe der Ochse sich umwenden konnte, hatte er ihn mit seinen Krallen gepackt und zog ihn in seine Behausung hinein. Der Jüngling hatte zwar seinen Speer gegen das Ungetüm abgeschleudert, aber das Geschoß prallte wirkungslos von dem dichten Schuppenpanzer des Tieres ab.

Während aus der Höhle das Krachen der Knochen und das würgende Schlingen des Lindwurms zu hören war, verspürte der Jüngling, wie ihm allmählich die Besinnung schwand. Ein Hauch des verpesteten Atems war von dem Tier zu ihm gedrungen und drohte ihn zu betäuben. Rasch suchte er sich an der Leine nach rückwärts zu ziehen, jedoch schon nach wenigen Schritten brach er bewußtlos zusammen. Aber die Dorfbewohner, die am Ende der Leine standen, hatten den Vorfall bemerkt und zogen ihn, allen voran die Tochter des Schulzen, an der Leine aus dem vergifteten Bereich auf sicheren Boden zurück.

Von der Höhle herab vernahm man das Schlürfen und Schmatzen des Drachen, der aus einer Lache seinen Durst stillte. Dann erscholl ein Heulen und Brüllen, ein Schlagen und Toben; der Kalk tat seine Dienste. Als nach einiger Zeit Ruhe eintrat, wußte man, daß der Lindwurm verendet war. Aber die Gefahr war damit noch nicht vorüber. Das Wasser, das aus der Höhle floß, führte Unrat von dem verwesenden Drachen mit und brachte die Pest unter die Leute. Erst als die Seuche erloschen war, kehrten wieder Ruhe und Frieden ein ins Land. Der junge Bursche, der den Weg zur Drachenhöhle getan, erholte sich bald wieder; er war noch rechtzeitig dem tödlichen Wirken des Pesthauches entgangen. Zum Lohn für seine mutige Tat erhielt er die ihm ohnehin zugeneigte Tochter des Schulzen zur Frau.

Malta in Kärnten*
Die Sage vom alten Malta

Zuordnung: Lindwurm

Vor vielen hundert Jahren stand die Ortschaft Malta an der Südwestseite des Tales, in dem sie auch heute noch, allerdings an anderer Stelle, zu finden ist. Droben auf dem Berg im „Kar" lag ein See, in

---

*Quelle: Graber, Georg: Sagen aus Kärnten. Leipzig, 1914

167

Österreich

dem ein gräßlicher Lindwurm sein Unwesen trieb und den Bewohnern des Tales großen Schaden zufügte, da sie dort nicht mehr auf Fischfang gehen konnten.

Schließlich bastelten die Bauern einen Köder aus einem mit ungelöschtem Kalk ausgestopften Kalb und richteten ihn am Rande des Sees auf, um das Ungeheuer zu fangen. Bald schoß es heran und verschlang gierig den Köder, und der ungelöschte Kalk versengte seine Eingeweide. Vor brennendem Schmerz schlug der Lindwurm mit dem Schweif so ungestüm um sich, daß der See aus seinen Ufern brach und eine verheerende Flut den Berghang hinunterdröhnte.

Malta, die Ortschaft im Tal, wurde überschwemmt, alle Häuser fortgerissen, und nur wenige Menschen entkamen dem Verderben. Mächtige Steinblöcke, Schutt und Geröll hatten Ort und Kirche begraben. Nach einigen Tagen fanden die Geretteten auf der Gießstätte (der Ort, der mit Geröll und Wassermassen „begossen" wurde) einige Heiligtümer aus der verschütteten Kirche. Ja sogar das Bild des Hauptaltars, Maria mit dem Kind darstellend, gruben sie aus dem Schlamme.

Da sie schwankten, wo sie ihre neue Kirche bauen sollten, legten sie das Bild auf einen Karren und spannten einen „ungelernten" Stier an, um dort, wo er ohne Führer halten würde, den Bau auszuführen. Er trottete fort und blieb auf der Brücke stehen – ja, da war es unmöglich, eine Kirche zu bauen. Daher trieb man das Tier weiter. Da kam das Gefährt an eine Stelle, die mit Gestrüpp und Erlengebüsch überwuchert war und dem Stier Halt gebot. Man rodete den Platz und baute eine Kirche; nach und nach entstanden ringsherum die Gehöfte des heutigen Dörfchens Malta.

Europa

Reutte im nördlichen Tirol*
Der Drachensee

Zuordnung: Wasserdrache

Da, wo jetzt der Drachensee ist, war vor uralten Zeiten ein Bergwerk. Der heilige Magnus von Füssen hat dasselbe ausgehoben, indem er verkündete, allen Leuten in der Umgegend einen Laib Brot zu geben, wenn sie nach Schätzen graben würden. Für solchen Lohn taten das die armen Heiden ringsum sehr gerne, denn sie hatten zuvor kein Brot gekannt.

Durch den Bergbau wurde eine Familie besonders reich, aber ihres angehäuften Goldes wegen auch gar hochmütig. Sie baute sich auf dem Bergwerke droben ein Haus und eine Kirche dazu, da sie nicht neben den anderen Leuten in der Ortskirche beten wollte. Doch eines Tags versanken Haus und Kirche und das ganze Bergwerk – wo sie einst standen, ist nun der Drachensee.

Jedes Jahr am Weihnachtstag kann man Bergwerk, Haus und Kirche sehen. In dieser hört man die Familie beten, und vor der Kirchtüre hält ein fürchterlicher Drache Wacht, so daß sich ihr kein Mensch nähern kann. In Füssen heißt noch jetzt die Pfarrkirche „St. Magenkirch" (St. Magnuskirche).

Röthelstein in der Steiermark
Der Drachentöter vom Mixnitz

Zuordnung: Schlangendrache

In sagenhaften Zeiten soll die sogenannte Mixnitzer Kogellucken, genannt die Drachenhöhle, einen ungeheuren Drachen beherbergt haben. Es war ein scheußliches Ungetüm, das dort oben lebte, sah ei-

*Quelle: Vernaleken, Theodor: Alpensagen; Volksüberlieferungen aus der Schweiz, Vorarlberg, Kärnten, der Steiermark, Salzburg, Ober- und Niederösterreich. Wien, 1858

Österreich

ner riesigen Schlange ähnlich, trug aber einen schuppigen Panzer, an dessen Oberseite zwei zackige Flügel emporstarrten, und war mit vier scharfkralligen Füßen bewehrt. Das Ungetüm richtete in der ganzen Umgebung viel Schaden an; Tiere und auch Menschen waren ihm schon zum Opfer gefallen. Furcht und Entsetzen herrschten in der Gegend; niemand wußte, was man gegen diesen schrecklichen Feind unternehmen sollte.

Nun hatte auch ein Landwirt aus Pernegg, der in der Nähe von Röthelstein am Mixnitzbach einen großen Meierhof (Meierei: Milchwirtschaftshof) besaß, die Gefräßigkeit des Ungetüms zu spüren bekommen. Das Untier hatte zwei Rinder aus seiner Herde verschlungen und auch einen Hirtenjungen getötet. Da versprach der Landwirt demjenigen eine große Belohnung, der den Drachen töten und die Gegend von dieser Plage befreien würde. Die Aussicht auf reichen Lohn lockte gar viele an, das gefährliche Unternehmen zu wagen, aber keinem gelang es, das Untier zu töten. Manche verloren schon den Mut, wenn sie das scheußliche Vieh nur von weitem sahen oder sein schauerliches Brüllen hörten. Einige versuchten zwar den Kampf, waren aber schließlich froh, wenn sie sich, mit mehr oder weniger gräßlichen Wunden bedeckt, vor den Krallen des Drachens retten konnten. Andere gar sah man nie wieder; sie waren wohl im Kampf mit dem gräßlichen Untier umgekommen. Das Vieh aber ging weiter seinem Unwesen nach und verbreitete Angst und Schrecken unter dem Volk. Niemand getraute sich mehr, den Kampf mit dem gräßlichen Drachen aufzunehmen, sogar die Knechte und Mägde verließen den gefährdeten Meierhof.

Da faßte des Landwirts Ziehsohn, der auf dem Meierhof arbeitete, den Entschluß, den Drachen zu beseitigen. Da man aber bisher im offenen Kampf gegen ihn nichts ausgerichtet hatte, ersann er eine List und traf in aller Stille seine Vorbereitungen. Zunächst wollte er das Lager des Drachen auf dem Berg auskundschaften. Dabei entdeckte er, daß sich der Drache eine Rinne vom Berg bis ins Tal herab ausgewälzt hatte, die vollkommen glatt und ohne Steine und Schroffen war. Daraus schloß er, daß der Drache auf der Bauchseite eine weiche, zarte Haut haben müsse, und baute nun auf dieser Folgerung seinen Plan auf, wie er die Gegend von dieser entsetzlichen Plage befreien könnte.

In der Dämmerung, als der Wind günstig stand, so daß das Untier seine Nähe nicht zu wittern vermochte, begab er sich zur Rinne und vergrub eine große Anzahl von Sicheln und Sensen im Boden, und zwar so, daß die Spitzen in der Richtung der Anhöhe, von der das Untier herabkam, aus der Erde herausragten. Dann versteckte er sich seitwärts in einem Gebüsch, um die Wirkung seines Mittels mit anzusehen. Er brauchte nicht lange zu waren, da hörte er das Ungeheuer, das im Bach seinen Durst stillen wollte, schnaubend und brüllend vom Berg herunterkommen, und bald sah er durch die Zweige des Gebüschs die Augen des Drachen, dessen riesigem Rachen feuriger Dampf entströmte.

Als der Drache zu der Stelle kam, wo die scharfen Spitzen der Sensen und Sicheln aus dem Boden standen, begann er plötzlich, schrecklich zu brüllen und zu heulen, daß dem jungen Mann hinter den Stauden angst und bang wurde. Die spitzen Schneiden der Werkzeuge bohrten sich in den weichen Bauch des darüber hinweggleitenden Ungeheuers und rissen ihm schreckliche Wunden. Wenn sich das Tier in seinem Schmerz zurückbäumte und dann wieder nach vorn fallen ließ, griffen die Spitzen neuerlich in die Haut ein und bohrten sich tief in seine Eingeweide. Von rasenden Schmerzen gequält, heulte das Ungeheuer fürchterlich, wälzte sich in seinem Bett hin und her und schlug mit dem riesigen Schwanz und den krallenbewehrten Flügeln so mächtig um sich, daß ganze Bäume geknickt und große Felsblöcke aus dem Boden herausgerissen wurden. Aber je mehr das Untier wütete und tobte, um so tiefer drangen die verborgenen Waffen in seine Eingeweide ein. Tödlich verwundet, ballte sich der Drache endlich zu einem scheußlichen, blutbefleckten Klumpen zusammen und kullerte hilflos ins Tal hinab, wo er unter furchtbaren Zukkungen verendete.

Große Freude erfüllte alle Bewohner der Gegend, als sie erfuhren, daß der fürchterliche Feind nun doch erledigt sei. Von allen Seiten eilten die Leute an die Stätte, wo die ungeheure Mißgestalt verendet in ihrem Blut lag, noch im Tod schrecklich anzusehen, mit ihrem schuppi-

171

gen Riesenleib und dem entsetzlichen zähnestarrenden Rachen. In einer tiefen Grube wurde der stinkende Kadaver verscharrt, wobei es der Arbeit vieler starker Männer bedurfte, den Riesenleib in die Grube zu wälzen. Dem klugen, mutigen jungen Mann aber, der die Gegend von dieser Drachennot befreit hatte, schenkte der Bauer zum Lohn für seine tapfere Tat den Meierhof, und alle Leute im Muttal feierten ihn als ihren Retter und Befreier.

Sonderdach, Vorarlberg
Der Sonderdachdrache

Zuordnung: Wasserdrache

In Sonderdach, nicht weit von Bezau, liegt ein Bergsee, in dem ein riesiger Drache hausen soll. Einmal versuchten ein paar Knechte, die Tiefe des Sees zu ergründen, und ließen Schnur an einem Stein in die Tiefe hinab. Als sie schon einige Längen hinabgelassen hatten, ertönte aus dem Wasser eine Stimme: „Ergründest du mich, verschlinge ich dich!"

Seit der Zeit hat sich niemand mehr getraut, den See zu vermessen, und der Bevölkerung der Gegend ist die Angst geblieben, denn es heißt: Wenn der Drache sich rühre und mit dem Schwanz das Ufer des Sees zerstöre, würde der See mitsamt dem Untier unter furchtbarem Getöse ins Tal herabstürzen und das ganze Dorf in einer entsetzlichen Überschwemmung vernichten.

172

Der Drache und das Venedigermännlein

Zuordnung: Klassischer Drache

In der Gemeinde Sonntag im Oberen Walsertal hauste vorzeiten ein furchtbarer Drache. Er richtete unter Mensch und Vieh beträchtlichen Schaden an. Niemand wußte, wie man dem Drachen beikommen konnte, um sich von der Plage zu befreien. Da kam ein Venedigermännlein (Venedigergruppe: vergletscherter Westteil der Hohen Tauern im Großvenediger, 3660 m; das Venedigermännlein ist ein Bergmännlein dieser Gegend – ein Zwerg), setzte sich ohne Furcht auf das Ungetüm, ritt durch den Lutztobel hinaus und schwenkte unter der Lutzbrücke fröhlich sein Hütchen. Von da an ward der Drache nie mehr gesehen.

St. Magnus und der Drache

Zuordnung: Klassischer Drache

In die Gegend, wo jetzt Reutte und Füssen liegen, kam einst der heilige Magnus. Er suchte sich mit seinen Brüdern eine einsame Stätte, wo sie beten wollten. Es lag dort jedoch ein gewaltiger Drache, der niemanden vor-

174

Europa

beiließ. Der Heilige sprach zu seinem Begleiter Toto: „Lieber Bruder, wir bleiben die Nacht hier und beten, daß uns der Herr Macht verleihe, das wilde Tier zu bezwingen." Toto meinte, der Drache werde sie beide verderben, wollte den Heiligen jedoch nicht im Stich lassen und blieb bei ihm.

St. Magnus steckte geweihtes Brot in seine Tasche, nahm Harz und Pech in eine Hand und hängte das Kreuz um seinen Hals. In der anderen Hand führte er den Wunderstab des heiligen Gallus. Als er in die Nähe des Drachenlagers kam, nahm er etwas von dem gesegneten Brot in seinen Mund und machte ein Kreuzzeichen vor sich. Als ihn der Drache sah, wollte er Magnus angreifen und stürzte sich mit aufgerissenem Rachen auf ihn. Da nahm St. Magnus Harz und Pech und warf es dem Drachen in den Schlund. Dabei sprach er: „Herr mein Gott, komm deinem Diener zu Hilfe!" Der Drache verbrannte und starb.

St. Magnus und Toto gingen zu der Behausung des Drachen, einem Felsenloch, und fanden davor einen großen Apfelbaum mit vielen reifen Äpfeln. St. Magnus hängte sein Kreuz, das er zuvor am Halse getragen hatte, an den Baum. An dieser Stelle erbaute er dann ein Münster für fromme Brüder aus der Nachbarschaft, das auf seine Bitte hin vom Bischof Wikterp Unserer Lieben Frau und St. Florian, dem Märtyrer, geweiht wurde.

Wendland*

Drachenbäume

Der wilde Birnbaum heißt Plonica, also nach dem Drachen, wie der wilde Apfelbaum. Plonica heißt auch die Frucht dieser Bäume.

Aus der Frucht der Drachenbäume kocht man ein Bier, das gegen viele Krankheiten hilft.

Aus den Früchten des Drachenbaums muß man eine Brühe kochen; dieselbe hilft gegen Schmerzen im Unterleib.

---

*Quelle: Veckenstedt, Edmund: Wendische Sagen, Märchen und Gebräuche. Graz, 1880

175

Österreich

Ein Feld wird vor Unheil aller Art behütet, wenn man auf dasselbe einen Drachenbaum pflanzt.

Wenn man in der Silvesternacht gleich nach Mitternacht Brühe von den Früchten des Drachenbaums auf die Hausschwelle gießt, so kommt in dem Jahre der Tod nicht ins Haus.

Im Paradies hat der Teufel als Drache auf einem wilden Birnbaum gesessen und die Menschen zur Sünde gebracht. Die wilden Birnbäume sind den Menschen aus dem Paradies nachgezogen. Man findet sie allerwärts in der Welt: Sie sind lieblich anzusehen, aber sie taugen nichts.

In den Drachenbäumen pflegen die Drachen zu hausen. Wie die Drachen sieben Häupter hatten, so haben auch die Drachenbäume sieben große Zweige.

Wien
Der Basilisk zu Wien

Zuordnung: Halbdrache

In der Schönlaterngasse zu Wien steht das Haus „Zum Basilisken". Der Halbdrache, nach dem es benannt ist, ist in der Nische an der Fassade zu sehen. Eine Sage berichtet, wie das Haus seinen Namen bekam:

Am Anfang des 13. Jahrhunderts lebte im Haus in der Schönlaterngasse ein hartherziger Bäckermeister namens Garhibl. Von allen Gesellen ertrug nur Hans die ewigen Launen seines Meisters, weil er in dessen holde Tochter Appolonia verliebt war. Eines Tages bat er dann um die Hand der schönen Maid, worauf er sofort hinausgeworfen wurde. Er solle Garhibls Tochter nur erhalten, wenn der Haushahn ein Ei gelegt hätte, sagte der erboste Vater. Dies beschwor er auch vor der ebenfalls verliebten und nun unglücklichen Appolonia. Da ließ der Hahn ein lautes Gackern vernehmen und flog übers Hausdach davon. In diesem Moment ertönte im Hof ein Schreckensschrei. Die Magd berichtete der herbeieilenden Menge, daß es im Brunnen verdächtig glit-

176

zere und greulich stinke. Ein Lehrjunge ward in den Schacht gelassen und fand dort ein grauenvolles Tier: eine Mischung aus Hahn, Schlange und Kröte, mit zackigem Schuppenschweif, glühenden Augen und einem güldenen Krönlein auf dem Haupte. Ein gelehrter Doktor identifizierte das Untier sofort als Basilisken. In diesem Augenblick trat Hans, der es ohne seine Angebetete nicht mehr aushielt, aus der Menge hervor. Ohne zu zögern ließ er sich mit einem großen Spiegel in den Brunnen hinab. Dem Basilisken aber war sein eigenes Spiegelbild so zuwider, daß er zersprang. Zum Lohn für seine heldenhafte Tat durfte Hans seine Appolonia dann doch ehelichen.

Wimitztal bei Feldkirchen in Kärnten
Der Lindwurm vom Goggauer See

Zuordnung: Wasserdrache

Im oberen Wimitztal bei Feldkirchen liegt in einer ziemlich unwirtlichen Gegend der kleine Goggauer See. Der Teufel soll ihn einst in einem großen Gefäß herbeigebracht und mit scheußlichem Gewürm und allerhand Untieren bevölkert haben. Eines davon war ein ungeheurer Fisch, der eine scharfzähnige Säge am Rücken trug, mit der er alles durchschnitt, was in seine Nähe kam.

Einmal sollte ein Taucher die Gewässer des Sees durchsuchen und nähere Kunde über diesen gefährlichen Fisch von seiner Tauchfahrt mitbringen. Um gegen die scharfe Säge des Untiers geschützt zu sein, zog der Mann ein Kleidungsstück aus neun starken Glaswänden über den Körper und tauchte so in die Fluten hinab. Trotzdem wäre es um ein Haar mit ihm zu Ende gewesen, denn acht Glasschichten durchschnitt der Sägefisch mit einem Zug, und nur rasche Flucht rettete dem Taucher das Leben. Außer dem Fisch bemerkte er aber noch viele andere gräßliche Wesen auf dem Grund des Sees, denen er nur mit knapper Not entging.

177

Österreich

Auch eine Wassernixe hatte in früheren Zeiten dort ihren Wohnsitz. Sie hielt sich am Südende des Sees auf, wo das Wasser im Kreis fließt und einen Wirbel bildet. Ein Gesicht von zauberhaftem Liebreiz und schneeweiße Arme zeichneten sie aus, an Stelle der Füße aber wollte man einen Fischschwanz an ihr bemerkt haben. Ihre große Schönheit und ihr betörender Gesang lockten viele Menschen an, die in die Nähe des Sees kamen. Wer sich aber mit ihr einließ, den zog sie unweigerlich mit sich in den Strudel hinab. Deshalb trachtete man, den See gänzlich zu meiden.

Europa

Schweden

Die Braut des Lindwurmkönigs*

Zuordnung: Halbdrache

Vor vielen Jahrhunderten wünschte sich die Königin des Landes vergeblich ein Kind. Sie bat einen Wahrsager um Hilfe. Dieser versicherte ihr, sie brächte in weniger als einem Jahr zwei Jungen zur Welt, wenn sie nach ihrer Rückkehr in den Palast zwei Zwiebeln äße. Allerdings müsse sie zuvor die Schalen der Zwiebeln entfernen. Hoch erfreut über den ungewöhnlichen Rat lief sie sofort zurück in den Palast und ließ sich zwei frische Zwiebeln bringen. Voll Eifer und Ungeduld verzehrte sie die erste mit der Schale, ohne an den Hinweis des Wahrsagers zu denken. Da die Schale, wie zu erwarten, bitter schmeckte, ließ sich die Königin bei der zweiten Zwiebel Zeit und schälte sie sorgfältig, bevor sie sie aß.

Neun Monate später lag sie in den Wehen und sollte gleich den ersten Sohn gebären. Aber als das Kind zur Welt gekommen war, stieß die Hebamme einen entsetzlichen Schrei aus. Anstatt eines menschlichen Babys hatte die Königin einen flügellosen zweibeinigen Drachen mit schlangenartigem Körper geboren. Angewidert warf die Königin das neugeborene Wesen aus dem Fenster in den dichten Wald, der das Schloß umgab. Dann lag sie auch schon wieder in den Wehen und brachte dieses Mal einen gesunden Jungen zur Welt.

Die Jahre vergingen, und der Junge wuchs zu einem Prinzen heran, der sich auf die Suche nach einer Braut begab. Als er jedoch das Schloß verließ und durch den Wald ritt, stellte sich ihm ein riesiger Drache in den Weg. Dieser durchdrang die innersten Gedanken des Prinzen und gab ihm zu verstehen, daß er erst eine Frau finden würde, wenn er, der ältere Bruder, von einer Frau geliebt würde.

Daraufhin veranlaßte der Prinz, daß sämtliche jungen Mädchen der

---

*Quelle: Gebrüder Grimm. Deutsche Sagen; Erster Band, dritte Auflage. Berlin, 1891

Schweden

180

Europa

Gegend dem Drachen vorgeführt würden. Da die Mädchen jedoch nicht aus freien Stücken kamen, war der Lindwurm nicht zufrieden. Die nächste junge Maid, die dem Untier vorgeführt werden sollte, begegnete jedoch dem Wahrsager, der einst der Königin zu ihren Kindern verholfen hatte. Dieser gab ihr einen Rat, worauf das Mädchen lächelnd und ohne Angst zum Lindwurm gebracht wurde.

Dieser verlangte, sie solle sich ausziehen. Auf den Rat des Wahrsagers hin, hatte sie mehrere Kleider übereinander angezogen. Sie verlangte nun vom Lindwurm, er solle ebenfalls mit jedem Kleidungsstück, das sie ausziehen würde, eine Haut abstreifen. Er versprach es ihr. Als sie nervös das letzte Kleidungsstück auszog und nackt vor dem Ungeheuer stand, bewegte sich der Lindwurm auf sie zu und umschlang sie zärtlich. Sie hatte mit einer schleimigen Kälte gerechnet und war von der zärtlichen Wärme der Umarmung überrascht. Trotzdem hatte sie Angst, bis sie sich noch einmal die Worte des Wahrsagers ins Gedächtnis rief und sich entspannte. Mit der Umarmung des Lindwurms löste sich dessen letzte Hautschicht wie trockenes Laub von seinem Körper, und grüner Nebel hüllte ihn ein. Als sich der Nebel lichtete, wurde die junge Frau von einem wunderschönen jungen Mann in den Armen gehalten, der Zauber hatte sich gelöst, wie es ihr der Wahrsager prophezeit hatte. Daraufhin wurde eine fröhliche Hochzeit gehalten. Die Königin gab dem jungen Paar, jetzt König und Königin, ihren Segen. Da klopfte ihr der Wahrsager auf die Schulter und lächelte: „Ich sagte doch: Die Zwiebeln nicht mit Schale essen."

181

Schweden

Schweiz

Berner Oberland*
Der Stollenwurm

Zuordnung: Schlangendrache

Die Nachkommen der Edlen von Düdingen (bei Freiburg) nannten sich Belga oder Belgen. Unter einem Schlosse in der Nähe von Düdingen, am steilen Felsen ob dem Gatternbach, befindet sich ein tiefer, enger Balm (Höhle, überhängender Fels, Felsenhügel), den man das Fantomenloch nennt. In dieser Höhle hauste ein ungeheurer Stollenwurm, der besonders unter dem Vieh großen Schaden verursachte, es entweder bresthaft (krank) machte oder erwürgte und dann sein Blut aussog; den Menschen aber tat das Ungetüm nichts zuleide.

Man hatte schon längst alle möglichen Mittel versucht, den Wurm zu töten oder zu besänftigen, aber alles war umsonst. Oft, wenn der Herr Belga mit einem Knecht den steilen Tobel auf dem Fußpfad in das enge Tal hinunterging, um im Bach zu fischen, sah er vor der Höhle des Fantoms einen schwarzbraunen Klumpen, mit grünen, roten und weißen Streifen. Wollte er aber näher treten, so rollte sich die Schlange blitzschnell auseinander, bäumte sich hoch auf, zischte und pfiff, streckte ihre spitze Zunge aus dem aufgespreizten Rachen, der mit einer Doppelreihe schneidender Zähne versehen war, und verschwand in einem Hui wieder im feuchten Loch. Man hatte schon mit Pfeilen und Kugeln auf das Untier geschossen, große Steine gegen es geschleudert, aber stets prallten diese an den glatten und dicken Schuppen seiner zähen Haut ab. Man hatte auch mehrere Male versucht, dem Wurm vergiftetes Ochsenblut in einer Schüssel hinzuschieben, aber kaum hatte er es mit der Zunge berührt, so spie er es wieder aus. Mehrere Geistliche und Weltliche, die man wegen dieser schrecklichen Plage um Rat gefragt

---

*Quelle: Vernaleken, Theodor: Alpensagen; Volksüberlieferungen aus der Schweiz, Vorarlberg, Kärnten, der Steiermark, Salzburg, Ober- und Niederösterreich. Wien, 1858

Europa

hatte, versicherten, es sei kein eigentlicher Stollenwurm, sondern ein in einen solchen verwandelter Geist, der irgendeine schwere Sünde auf dieser Welt abzubüßen habe.

Ein kurzer, dicker Fuß heißt „Stollen". Man schildert die Stollenwürmer als schlangenartige Untiere mit Raupenfüßen und Katzenkopf. Ein Hirt im Gadmenthal erzählt folgendes: Es gibt zwei Arten Stollenwürmer, weiße mit Krönchen auf dem Haupt und schwarze, die gemeiner und häufiger sind. Ein verwegener Mann, der sich auf Zauberei verstand, zog eines Tages, um seine Kunst zu zeigen, einen Kreis um sich und bannte darauf mit Pfeifen das Gewürm in solcher Menge herbei, daß es rings um den Kreis wimmelte, doch pfiff er trotzig fort, bis ein paar Würmer aus der Ferne auf ihrem Rücken einen besonders dicken und abscheulichen daherbrachten. Als sie diesen über den Kreis gegen den Zauberer warfen, rief der: „Ich bin verloren!" Und im selben Augenblick ward er von dem Ungeheuer zerrissen.

Nach Meinung der Alpenbewohner bei Bridel saugen die Stollenwürmer oftmals den Kühen auf der Weide die Milch aus. Das Volk glaubt, sich gegen sie durch einen weißen Hahn schützen zu können.

Luzern
Der Drache fährt aus

Zuordnung: Lindwurm

Das Alpenvolk in der Schweiz hat viele Sagen bewahrt von Drachen und Lindwürmern, die vor alter Zeit im Gebirge hausten und in die Täler herabkamen, wo sie oftmals Schneisen der Verheerung hinterließen. Noch heute, wenn ein aus seinem Bett ausgebrochener Waldstrom über die Berge stürzt, Bäume und Felsen mit sich reißt, pflegt man zu sagen: „Es ist ein Drache ausgefahren."

Folgende Geschichte ist eine der merkwürdigsten. Nach den Kirchenbüchern hat sie sich im Jahre 1420 zugetragen: Ein Faßbinder aus

Luzern ging aus, Daubenholz für seine Fässer zu suchen. Er verirrte sich und gelangte in eine wüste, einsame Gegend. Da brach die Nacht herein, und er fiel unversehens in eine tiefe Grube, deren Ränder feucht waren, wie in einen Brunnen hinab. Auf dem Boden waren zu beiden Seiten Eingänge in große Höhlen. Als er diese genauer untersuchen wollte, stießen ihm zu seinem Schreck zwei scheußliche Drachen entge-

Europa

gen. Der Mann betete eifrig, wobei die Drachen seinen Leib verschiedene Male umschlangen, ihm aber kein Leid taten. Ein Tag verstrich und danach noch mehrere; er mußte so etwa von November bis April in Gesellschaft der Drachen ausharren. Gleich ihnen ernährte er sich von einer salzigen Feuchtigkeit, die aus den Felswänden schwitzte. Als nun die Drachen witterten, daß die Winterszeit vorüber war, beschlossen sie auszufliegen. Der eine tat es unter Ausstoßen großer Rauchwolken, und während der andere sich gleichfalls darauf vorbereitete, ergriff der Faßbinder dessen Schwanz, hielt sich daran fest und kam so aus dem Brunnen mit heraus. Oben angekommen ließ er los, war wieder frei und begab sich zurück in die Stadt. Zum Andenken ließ er die ganze Begebenheit auf einen Priesterschmuck sticken, der noch jetzt in des heiligen Leodagars Kirche zu Luzern zu sehen ist.

Wilser, südlich von Luzern, am Nordrand der Alpen
Der Dragonet vom Berg Pilatus

Zuordnung: Klassischer Drache

Im Mittelalter wurde die Stadt Wilser von einem Drachen heimgesucht. Er war nur mannsgroß (deshalb Dragonet), hatte einen schmalen Fang, einen langen Hals und spitze Flügel. Und obwohl er für einen Drachen recht klein war, war er gefürchtet ob seiner todbringenden und zerstörenden Taten. Auf seiner Beutesuche überfiel der Dragonet häufig Häuser, Bauernhöfe und Viehherden und verbrannte alles mit seinem feurigen Atem.

Die Berührung mit dem Blut des Drachen bedeutete den sofortigen Tod, doch war ohnehin niemand ausreichend im Fechten ausgebildet, bestand kaum eine Chance, daß das Untier getötet würde. Nur ein einziger Mann war in der Lage, mit Waffen umzugehen; er hieß Winkelriedt. Er war jedoch wegen seines hitzigen Temperaments straffällig geworden: Er hatte einen totgeschlagen. Sein Besitz war beschlagnahmt

186

Europa

und er selbst in die Verbannung geschickt worden. Mit dem Versprechen, ihm seinen Besitz und seine Freiheit wiederzugeben, wenn er den Drachen besiegen würde, holte man ihn schließlich zurück.

Nach einem beschwerlichen Aufstieg auf den Pilatus-Berg kam Winkelriedt in einen natürlich gewachsenen Korridor, der zur Höhle des Drachen führte. Der Drache stürzte heraus und betrachtete seinen Gegner aus glühenden Augen. Winkelriedt wußte von des Dragonets Fähigkeit, Feuerstrahlen auszusenden, und war deshalb recht vorsichtig. Als der Kampf entbrannte, wichen sich die Kämpfer immer wieder flink und geschickt aus, dementsprechend lange ging es hin und her. Am Ende kam der Dragonet, als er Winkelriedt wieder einmal sein Feuer entgegenspie, zu nahe an dessen Schwert, und dieser schnitt ihn ins Fleisch. Die glühenden Augen des Scheusals schlossen sich, und es brach tot zusammen. Im Triumph hob Winkelriedt das Schwert über seinen Kopf und wollte einen Siegesschrei ausstoßen. In diesem Augenblick rann ein Tropfen Drachenblut am Griff des Schwertes hinunter auf seine Hand. Damit war sein Schicksal besiegelt: Bevor er auch nur einen Ton über seine Lippen brachte, war er tot.

Beim Berg Pilatus wurden unserer Tage Skelette von Pterodactylen, prähistorischen fliegenden Reptilien, gefunden.

187

Spanien

Der Cuelebre

Zuordnung: Halbdrache

Vor vielen Jahren lebte am Rande einer Stadt in der spanischen Provinz Asturien ein wunderschönes junges Mädchen. Doch ihre Schönheit bekam ihr nicht, denn sie wurde eitel und faul. Statt zu arbeiten, verbrachte sie ihre Zeit mit Tagträumen und der Pflege ihres Haars. Oft ging sie an die nahe gelegene Quelle, um sich dort im Spiegel der Wasseroberfläche zu betrachten und ihr Haar zu kämmen.

Immer wieder wurde die Schöne von ihrer besorgten Mutter gewarnt: „In der Quelle lebt eine Nymphe! Sie wird dich noch eines Tages verhexen, und das ganz bestimmt, wenn eines deiner Haare in das Wasser fällt!" Doch die eitle Schöne glaubte nicht an die alten Märchen, an Geister, Nymphen, Elfen und Feen. Tagein tagaus besuchte sie den wunderbaren Platz, an dem die Quelle aus dem Felsen sickerte und einen kleinen Teich bildete.

Langsam ärgerte sich der Geist des Wassers, es war eine Nymphe, tatsächlich über die Faulheit und das unnütze Treiben des Mädchens. Nymphen sind bezaubernde Wesen, deren Schönheit selbst die der liebreizendsten Frauen übertrifft. Geduldig wartete die Wassernymphe nun auf ihre Gelegenheit, der Schönen zu erscheinen. Die würde kommen, sobald eines der Haare des Mädchens die Wasseroberfläche berühren würde.

Tatsächlich fiel eines Tages eines der goldenen Haare der Schönen in die Quelle und kräuselte die Wasseroberfläche. Darauf hatte die Nymphe schon lange gewartet. Zornig stieg sie aus dem Wasser empor und sprach das Mädchen mit ruhiger aber bestimmter Stimme an: „Wurdest du nicht von deiner Mutter gewarnt, die Ruhe der Quelle zu stören? Was fällt dir ein, dein Haar in meine Quelle zu werfen und den Wasserspiegel zu zerstören?" „So wunderbare Haare wie die meinigen

189

Spanien

stören das Wasser nicht", antwortete das Mädchen schnippisch in ihrer stolzen Eitelkeit der Herrin der Quelle und fuhr mit dem Kämmen ihrer Haare fort, als ob nichts ihre Ruhe stören könne.

Über so viel Eitelkeit ärgerte sich die Nymphe noch mehr. Sie ballte ihre Zauberkräfte und schleuderte sie auf das Mädchen. So wurde die Eitle in einen häßlichen Drachen, einen Cuelebre, verzaubert. Menschengestalt würde sie erst wieder erlangen, wenn ein mutiger Ritter Schönheit in ihren Drachenschuppen erkennen würde.

Heulend und klagend kroch das Mädchen in Gestalt des Cuelebre davon, um sich in einer Höhle am Meeresrand zu verstecken. Bis heute wichen alle Ritter und jungen Männer beim Anblick des Drachen vor Furcht und Schrecken zurück und stoben davon, niemand scheint sie erlösen zu wollen.

Die Vibria

Zuordnung: Klassischer Drache

Als Spanien von den muslimischen Mauren befreit worden war, konnte das Christentum dort endgültig Fuß fassen. Auf der Eingangspforte der Kathedrale von Barcelona, Sant Iu, erinnert heute noch eine Skulptur an den Drachen Vibria:

Aus Rache an den christlichen Rittern setzten ein paar Mauren kurz vor ihrer Flucht einen jungen Drachen in einer Höhle ganz in der Nähe der katalonischen Stadt Terrassa aus. Der Drache hieß Vibria und stammte aus einem Geschlecht, das in Magie besonders bewandert gewesen sein soll.

Vibria wuchs im Laufe der Jahre zu einem riesigen Drachen heran. Sein Hunger wurde derart mächtig, daß er ganze Viehherden der Umgebung auffraß. Die Bedrohung durch den Drachen wurde für die Bevölkerung immer größer. So setzte die Stadt Terrassa eine stattliche Belohnung für denjenigen aus, der den Drachen vertreiben oder töten

191

Spanien

würde. Aus aller Herren Ländern kamen zahllose Ritter, Abenteurer und Mönche angereist. Sie alle wollten es mit dem Drachen aufnehmen. Doch alle Versuche waren zum Scheitern verurteilt. Niemand konnte es mit Vibria aufnehmen.

Nun sah der Graf Jofre el Pilios, der über fast ganz Katalonien herrschte, keinen anderen Ausweg mehr, als sich selbst dieser gefürchteten Bestie gegenüberzustellen. Mit seinem besten Pferd ritt der Graf ins Bergmassiv von Sant Llorenc, um den Drachen aufzuspüren. Als der mutige Ritter die Drachenhöhle endlich erreichte, fand er sie verlassen vor. Nichts und niemand traf er an dem unseligen Ort an, nur eine schwarze Krähe.

Graf Jofre el Pilios kannte die magischen Fähigkeiten des Vibria gut und rief ihn laut bei seinem Namen. Der Zauber brach, und die Krähe verwandelte sich zurück in ihre ursprüngliche Gestalt, den Drachen. So standen sich Ritter und Drache nun gegenüber. Vibria packte den Grafen, schüttelte ihn und schleuderte ihn erbarmungslos durch die Luft. Dem Grafen gelang es gerade im letzten Moment, als der Drache ihn an der Felswand zerschmettern wollte, sein Schwert weit in den Rachen Vibrias zu stoßen. Vor Schmerz und dem Tode nah ließ der Drache von dem Grafen ab und versuchte davonzufliegen. Doch der Schwertstoß hatte den Drachen zu sehr verletzt; entkräftet fiel er zu Boden und verblutete.

Der Ort des Geschehens wird seither Puig de la Creu (Kreuzgipfel) genannt. Der Graf errichtete neben der Höhle eine Mönchsklause und gründete am Fuße des Berges ein Kloster. So sollte die Gegend für immer geschützt sein.

Afrika

Die afrikanische Hydra

Zuordnung: Wasserdrache

Die afrikanische Hydra ist ein Wasserdrache mit sieben Köpfen. Noch heute bringen Menschen der Hydra immer wieder Opfergaben dar, in der Hoffnung, daß das Untier den Lauf der Flüsse nicht stoppen werde.

Eine der Erzählungen über die Hydra berichtet, daß die Mutter des Mädchens Jinde Sirinde einen Handel mit der Hydra einging, als sie mit Jinde schwanger war. Die Wasserstelle, an der die werdende Mutter ihr Wasser holte, war total verschlammt und unbrauchbar. So bat sie die Hydra, im Tausch gegen das Baby den Fluß zu reinigen und mit klarem Wasser zu füllen. Die Hydra ging auf den Handel ein. Sie reinigte die Wasserstelle und füllte sie mit klarem Wasser.

Als Jinde Sirinde alt genug war, um bei der Arbeit mitzuhelfen, schickte ihre Mutter sie regelmäßig, um Wasser zu holen. Eines Tages, erschien die Hydra, um den Handel einzulösen. Jinde Sirinde sollte die Ehefrau der Hydra werden. Jinde Sirinde bat die Hydra, zuvor ein letztes Mal nach Hause gehen zu dürfen, um sich von ihren Eltern zu verabschieden. Hydra erlaubte Jinde, für einen Tag nach Hause zu gehen, doch wolle sie nachkommen und Jinde holen, falls sie nicht freiwillig zurückkehre.

Jinde bat im Haus ihrer Eltern um Hilfe. Doch die Eltern verweigerten ihr diese, da sie große Angst vor der Hydra hatten. Im Nachbarhaus lebte ein Junge, der sich sehr in Jinde verliebt hatte. Als sich die Hydra Jinde holen wollten, nahm der Junge sein Schwert und schlug der Hydra alle sieben Köpfe ab.

193

Ägypten
Die Schlangendrachenplage

Zuordnung: Schlangendrache

Vor sehr langer Zeit brachen ganze Horden von kleinen geflügelten Schlangendrachen in allen Farben aus Arabien in Ägypten ein. Wie zischende Heuschreckenschwärme zogen sie in Massen am Himmel entlang. Zum großen Glück für Ägypten konnte die Plage durch Scharen von Ibissen, großen storchenartigen Vögeln, bezwungen werden. Sie fraßen die Schlangendrachen auf, bis kein einziger übrigblieb.

194

Afrika

Der Drache von Äthiopien

Zuordnung: Klassischer Drache

Vor Urzeiten wurde das Land, das heute unter dem Namen Äthiopien bekannt ist, von König Kepheus und Königin Kassiopeia regiert. Kassiopeia war von großem Liebreiz, und sie rühmte sich auch öffentlich, schöner als alle Meeresjungfrauen und Nixen zu sein.

Die schönen Töchter des Meeres fühlten sich darob gekränkt, denn schließlich waren sie die schönsten Wesen der Welt. So beschwerten sie sich schließlich bei Poseidon, dem Gott der Meere, und forderten, daß die Königin für ihre Anmaßungen bestraft werde. Poseidon rief einen seiner Meeresdrachen herbei und schickte ihn ins Land von Kepheus und Kassiopeia. Der Drache verwüstete das ganze Land und fraß jeden Menschen auf, den er zu fassen bekam.

So kam es, daß Bevölkerung des Königreichs das alte Orakel von Ammon befragte, wie denn das Schicksal wieder in die rechten Bahnen gelenkt werden könne. Die Antwort des Orakels war bitter: Die einzige Möglichkeit zur Erlösung, liege darin, die Tochter des Königspaars, Andromeda, dem Drachen zu opfern.

Der König und die Königin waren entsetzt und weigerten sich zunächst, ihre Tochter zu opfern. Doch die Bevölkerung Äthiopiens forderte unablässig, dem Anraten des Orakels Folge zu leisten. Schließlich mußten sich Kepheus und Kassiopeia fügen. Soldaten des Königs brachten die geliebte Tochter zum Meer, genau an jene Stelle, wo der Meeresdrache lebte.

Als das Elternpaar traurig und ratlos am Ufer des Meeres saß und darauf wartete, daß der Drache auftauchen würde, kam Perseus, der Sohn des Zeus, auf seinem fliegenden Pferd Pegasus angeritten. Perseus hatte kurz zuvor die schreckliche Medusa getötet. Noch mit vor Heldenmut geschwellter Brust befragte er das Königspaar, weshalb sie denn so traurig seien und klagend am Meeresufer säßen. Nun konnten die Herrscher des Landes diesem Halbgott und Helden all ihr Leid klagen,

196

Afrika

und sie boten ihm die Hand ihrer Tochter zusammen mit dem ganzen Königreich, wenn er das Unheil nur verhindern und dem Elend ein Ende setzen könne. Als Perseus diean den Felsen gekettete wunderschöne Andromeda sah, gefiel ihm das Angebot sehr. Er nahm an und versprach die Rettung aller.

Perseus setzte den magischen Helm auf, den er von Hades, dem Herrn der Unterwelt, bekommen hatte. Die Besonderheit des Helms war, daß jeder, der ihn trug, sofort unsichtbar wurde. Als Perseus vor den Augen aller verschwand, ergriff er seinen spiegelblanken Schild, den ihm Göttin Athene geschenkt hatte, und sein Schwert aus reinem Diamant, das er von Gott Merkur empfangen hatte. So ausgerüstet stellte er sich dem Drachen in den Weg. Der Drache war verwirrt und fand keine Möglichkeit, sich gegen seinen unsichtbaren Feind zu verteidigen. Auch Andromeda konnte nicht sehen, was vor sich ging und wer ihr half. Stück für Stück zerschnitt der Held die Haut des Drachen, bis er dessen Herz herausreißen konnte und der Drache sterben mußte.

Nach dem gewonnenen Kampf zeigte sich der Held der Königstochter Andromeda, indem er den Helm vom Kopf nahm und wieder für jeden sichtbar wurde. Mit einem Hieb zertrennte der die Ketten der Gefangenen, nahm sie zu sich auf den Rücken sein geflügelten Pferdes Pegasus und ritt mit ihr zum Palast des Königs. Dort aber stellte sich dem Helden Phineus, der Bruder von König Kepheus, mit seiner Streitmacht entgegen. Er beabsichtigte, die Prinzessin selbst zu heiraten, und wollte nun den Nebenbuhler loswerden. Perseus jedoch zogdas Schlangenhaupt der Medusa aus seinem Beutel, wobei er Sorge trug, seinen Blick woanders hinzuwenden, und hielt es dann hoch über sich. Beim Anblick des Kopfes wurden alle Angreifer zu Stein verwandelt.

Perseus und Andromeda heirateten und hatten viele Kinder. Die bekannteste Tochter war Alkmene, die Mutter des Halbgotts Herakles.

St. Georg, der Drachentöter

Zuordnung: Klassischer Drache

Anfang des dritten Jahrhunderts tauchte aus den Sümpfen von Silene ein riesiger Drache auf. Er hatte Flügel, einen langen gewundenen Schwanz, und sein Körper war von olivgrünen Schuppen bedeckt, wie ein Krokodil. Der Drache verpestete die Landschaft mit übelriechenden Wolken giftigen Dampfes, der alles zerstörte, was mit ihm in Berührung kam. Um der Zerstörung ihrer Felder entgegenzuwirken, fütterten die Bauern das Untier jeden Tag mit zwei Schafen. Diese Strategie war auch erfolgreich, allerdings nur so lange, bis es keine Schafe mehr gab. Das Untier begann daraufhin wieder, die Gegend zu verwüsten.

Da stimmte der König in der Hoffnung, den Hunger des Drachen so lange zu stillen, bis irgendein Wunder sein Land retten würde, schweren Herzens zu, dem Reptil täglich ein Kind zu opfern. Aber die Tage und Wochen verstrichen, und es kam schließlich der Tag, an dem der König seine eigene Tochter, Prinzessin Alcyone, opfern mußte. Sie wurde am Rande des Sumpfes an einen Pfahl gebunden und erwartete dort ihren baldigen Tod. Da näherte sich plötzlich ein großer Ritter in silberner Rüstung und weißem Brustharnisch, den ein scharlachrotes Kreuz zierte. Er trug eine lange Lanze und einen weißen Schild, ebenfalls mit einem roten Kreuz. Er stieg von seinem cremefarbenen Schlachtroß, und Alcyone schilderte ihm in knappen Worten ihre schreckliche Lage.

Der Ritter war Georg, der in der heutigen östlichen Türkei, in Kappadokien, aufgewachsen und ein Soldat der römischen Armee gewesen war, bevor er sich zum christlichen Glauben bekehren ließ. Nun diente er nur noch Gott und verbreitete die Botschaft Gottes überall auf seinen Reisen. Nachdem er Alcyone seinen Namen genannt hatte, band er sie los und stellte sich selbst an ihre Stelle. Plötzlich tauchte ohne Vorwarnung der reptilartige Drachenkopf aus dem Schilf auf. Der ganze riesige, nach Tod und Verwesung stinkende Drache kam nun auf ihn zu. Nie hatte Georg ein schrecklicheres Wesen erblickt. Er war gerade dabei, seine Lanze in den Schlund des Scheusals zu stoßen, als sich seine Augen mit denen seines Gegners traf.en Er drohte, von dessen Blick in Bann geschlagen zu werden, und mit letzter Anstrengung hob er seinen Arm und stieß die Lanze zwischen die Augen des Drachen. Schwer verletzt brach das Tier zusammen.

Voller Freude rannte Prinzessin Alcyone zu dem Drachen, band ihm den Gürtel ihres Kleides um den Hals. Dann ritten sie und Georg, den verletzten Drachen angeleint mit sich führend, auf des Ritters Pferd zurück zum Schloß ihres Vaters. Dieser versprach, sich und alle seine Untertanen für die Rettung seiner Tochter taufen zu lassen. Daraufhin schlug Georg dem Drachen den Kopf ab und verabschiedete sich von der dankbaren Prinzessin.

Tunesien, in der Nähe von Tunis, am Fluß Bagradas
Regulus und der Kampf mit der karthagischen Riesenschlange

Zuordnung: Wasserschlangendrache

In der Zeit des Ersten Punischen Krieges (264–241 v. Chr.) trug Rom einen besonders harten Kampf mit der Stadt Karthago aus, mit der es um die Vorherrschaft in Sizilien kämpfte. Der furchtlose und berühmte General Marcus Atilius Regulus befehligte damals die römische Armee und führte sie auf Karthago zu. Als sie kurz vor Tunis den Fluß Bagradas überquerten, hatten sie es jedoch plötzlich mit einem weit gefährlicheren Feind zu tun, als jede Verstärkung für Karthago es hätte sein können.

Aus dem Fluß tauchte eine riesige Schlange auf, deren bedrohlich geöffnetes Maul mit vielen Fangzähnen bestückt war. Die Soldaten schätzten die Länge des Ungetüms auf über dreißig Armlängen. Nach kurzer Rücksprache mit seinen Soldaten entschied Regulus, den Fluß ein Stück weiter oben zu überqueren. Als dort jedoch die ersten Män-

199

200

Afrika

ner die Überquerung antraten, begann das Wasser wie wild zu brodeln, und die Schlange erschien erneut, schnappte sich die Soldaten und zog sie unter Wasser in den Tod.

Als Regulus erkannte, daß sie auf diese Weise keine Chance hatten, über den Fluß zu kommen, beschloß er, das Ungeheuer nicht als einzelnes Wesen, sondern wie eine Festung zu bekämpfen. Mit gewaltigen Belagerungskatapulten ließ er die Wasserschlange mit großen Felsbrocken beschießen, bis sie endlich zwischen den Augen getroffen wurde und tot zusammensank.

Als Regulus sicher war, daß das Untier wirklich tot war, ließ er es bergen. Es stellte sich heraus, daß die Wasserschlange tatsächlich eine Länge von 37 Metern aufwies. Nach seiner erfolgreichen Rückkehr nach Rom präsentierte Regulus seine Trophäe und wurde für seine Tat geehrt, was von Historikern festgehalten wurde. Die sterblichen Überreste der kathargischen Riesenschlange wurden anschließend in einem Tempel zur Schau gestellt, wo sie während des numantinischen Krieges gegen die Keltiberer im Jahre 133 vor Christus verschwanden.

Westafrika
Bida

Zuordnung: Wasserdrache

Bida ist ein Drache aus Westafrika und Teil der Erzählungen des dort lebenden Dausi-Stammes. Eine seiner Geschichten lautet wie folgt:

Der sterbende König Dinga rief seinen ältesten Sohn zu sich, um ihn in das Geheimnis des Königtums einzuweihen. Dieser Sohn, der der rechtmäßige Erbe war, wollte aber sein Erbe antreten nicht und blieb fort. Da ging der jüngste Sohn des Königs, er hieß Lagarre, zu seinem Vater, um den Thron nach dessen Tod besteigen zu können.

Der König erteilte Lagarre zuvor eine Aufgabe: Er solle neun Gefäße voll Wasser finden; wer sich darin wüsche, würde König sein. Anschließend solle er mit seiner Trommel in das Gebiet der nördlichen Wüste aufbrechen, sich dort niederlassen und trommeln.

Als sein Sohn Lagarre dies alles befolgte, wuchs ganz plötzlich eine Stadt aus dem Sand. Es war die Stadt Wagadoo. Wagadoo wurde von dem Drachen Bida belagert, der er sie mit seinem Körper einkreiste. Lagarre konnte die Stadt, in der er König werden wollte, nicht betreten, da der Drache ihm den Zugang verwehrte. Lagarre beschloß daher, mit dem Drachen einen Pakt zu schließen. Er vereinbarte mit Bida, ihm jedes Jahr eine Jungfrau zu opfern. Im Gegenzug würde Bida große Mengen von Gold über die Stadt speien.

So geschah es dann für die Dauer von drei Generationen. Doch eines Tages wurde der Drache von dem Geliebten einer Jungfrau, die geopfert werden sollte, getötet. Dieser Mann hieß Mamadi Sefe Dekote, und ihm gelang es, dem Drachen den Kopf, der innen voller Gold war, abzuschlagen. Nachdem er den Drachen getötet hatte, warf er den goldgefüllten Drachenkopf an die Küste, die deshalb bis heute Goldküste heißt.

Der Drache vom See

Zuordnung: Wasserdrache

In einem großen See Afrikas, an dessen Ufer eine Stadt lag, lebte ein mächtiger Drache. Der Stadt war schon lange das Trinkwasser ausgegangen. Das Seewasser, das wohlschmeckendes Trinkwasser und auch reichlich vorhanden war, wurde von dem Drachen des Sees bewacht. Er gestattete niemandem, von dem Wasser zu trinken.

Als nun der sichere Untergang der Stadt bevorstand und alle Bürger dem Verdursten nahe waren, beschlossen der König und die Einwohner, den Drachen doch noch einmal zu bitten, das Seewasser herauszugeben. „Also gut", sagte der Drache. „Ich gebe euch jeden Tag eine Menge Wasser, die gut ausreicht, daß ihr nicht zu dürsten braucht. Doch dafür verlange ich ein Opfer von euch: Bringt mir jedes Jahr eine Jungfrau!"

Afrika

Aus ihrer großen Not heraus sahen sich der König und die Bürger der Stadt gezwungen, dem Verlangen des Drachen nachzugeben. Sie fürchteten sich alle davor, ihr Leben zu verlieren. Jedes Jahr opferten sie also eine ihrer Jungfrauen, um getreu der Vereinbarung ihr Wasser zu erhalten.

Schließlich war nur noch die Tochter des Königs, Prinzessin Fatouma, übrig. Sie sollte, wie es vereinbart war, geopfert werden, um das Leben der übrigen Menschen vor Tod durch Verdursten zu retten. Da hörte ein fremder Prinz und Krieger Namens Hammadi von dem Unheil, das über der Stadt, ihren Einwohnern und der Prinzessin lag, und beschloß, ihnen allen zu Hilfe zu eilen.

Als der Prinz Hammadi die Stadt am See erreichte, sah er, daß alles, was er in der Ferne gehört hatte, wahr war. Mutig eilte er zum See. Am Ufer stand Prinzessin Fatouma bereits gefesselt, um dem Drachen geopfert zu werden. Doch genau in dem Augenblick, als der Drache aus dem tiefen See auftauchte, um sich Fatouma zu holen, schlug der Held Hammadi mit seinem Schwert zu und dem Drachen den Kopf ab.

Die Prinzessin und der Prinz verliebten sich ineinander und heirateten bald darauf. Bis an ihr Lebensende waren beide ein glückliches Königspaar.

Niger
Isa Bere

Zuordnung: Wasserdrache

Isa Bere war ein Drache, der in den Bergen von Futa Jallon lebte. Da er alles Wasser des Flusses Niger trank, verursachte Isa Bere eine große Dürre und Hungersnot. König Samba sah sich deshalb gezwungen, gegen den Drachen in den Kampf zu ziehen. Gemeinsam mit seinem Hofnarren Tarafe zog er los. Acht Jahre lang mußte der König den Drachen bekämpfen. 800 Speere verbrauchte er dabei, der achthundertste Speer

203

durchbohrte schließlich das Herz des Drachen und der lange Kampf fand zu guter letzt ein Ende.

Afrika

Australien & Neuseeland

Australien
Der Bunyip

Zuordnung: Wasserdrache

In der Traumzeit (mythisches Zeitalter der australischen Ureinwohner) machte sich ein Jüngling, der Sohn des tapferen Anführers eines Kriegerstammes, auf die Suche nach einem besonderen Brautgeschenk. Nach einer langen und vergeblichen Suche entdeckte er in einem großen Tümpel ein kleines eigenartiges Tier. Mit einem Netz fing er es ein und betrachtete es sich näher. Es hatte einen Kopf wie eine Bulldogge, aber mit vielen spitzen Zähnen, und der Körper erinnerte an eine Kuh oder ein Pferd, endete jedoch in einer flachen Flosse. Dazu war er mit mosaikartig angeordneten grün schillernden Schuppen bedeckt.

Voller Begeisterung brachte der Junge seinen Fang nach Hause. Aber sein Vater, der sofort erkannte, dass es sich um ein Bunyipbaby handelte, war entsetzt. Er befahl, den Bunyip sofort zurückzubringen, denn der Zorn der Bunyipmutter würde fürchterlich sein. Doch es war zu spät, schon näherte sie sich unter fürchterlichem Gebrüll. Die Menschen sahen, wie die Flüsse und Seen anschwollen und die Täler und das Flachland überschwemmten. Verzweifelt flüchtete der Stamm in die Berge, aber noch immer wollte der Jüngling das Drachenbaby nicht zurückgeben.

Plötzlich schob sich ein dunkler Schatten über die Flüchtigen. Es war die Bunyipmutter, die alles Wasser um sich sammelte, um die Entführer ihres Babys zu vernichten. Erst jetzt erkannte der Jüngling seine Torheit und öffnete seine Arme, um das Bunyipbaby loszulassen. Doch seine Arme hatten sich in Flügel verwandelt. Erschrocken stieß er einen Schrei aus. Aber an Stelle des Schreis eines Mannes war der Schrei eines Vogels zu hören. Als er aufschaute, sah er, daß er und sein ganzer Stamm sich in Vögel mit langem Hals und rotem Schnabel verwandelt hatte – sie waren zu schwarzen Schwänen geworden.

205

Hotu-Puku

Zuordnung: Klassischer Drache

Eine Zeitlang verschwanden immer wieder Menschen, die zwischen den Orten Rotorua und Taupo reisten, und keiner konnte sagen, wohin. Die Einwohner von Taupo verdächtigten Krieger von Rototua, die Reisenden zu töten. So entstand ein Krieg zwischen den beiden Clans.

Doch an einem Ort, den die Polynesier Kapenga nannten, wurde die Auseinandersetzung jäh gestoppt. Denn alle erkannten dort den wahren Grund für das Verschwinden der Menschen: Es war der Drache (polynesisch: Taniwah) Hotu-Puku.

So wurde eine Gruppe von Kriegern zusammengerufen, die den Drachen bekämpfen sollten. Die Männer legten eine Fallenschlinge aus und einer von ihnen, den sie Pitaka nannten, stellte sich als Köder hinter die Schlinge. Als der Drache Pitaka fressen wollte, zogen die Krieger die Schlinge zu und töteten den in die Falle geratenen Drachen.

Anschließend schnitten die Männer den Bauch des Drachen auf und fanden dort die Körper all jener, die er gefressen hatte. Nachdem die Opfer alle beerdigt worden waren, kochten die Krieger den Drachen und aßen ihn.

Peke-Haua

Zuordnung: Wasserdrache

Pitaka und seine Gefährten hatten sich im Kampf gegen den Drachen Hotu-Puku als sehr mutig erwiesen. Deshalb wurden sie nach Awan Hou gerufen, um dort einen weiteren Drachen, Peke-Haua, zur Strecke zu bringen.

Peke-Haua lebte in einem tiefen Wasserloch bei Te Waro Uri. Da sich dieser im Wasser lebende Drache sehr von dem unterschied, den die Krieger schon getötet hatten, war es erforderlich, sich eine andere Jagdmethode auszudenken. So entschlossen sich Pitaka und seine Gefährten, große Mengen von Wein in das Wasserloch zu gießen.

Vom Wein betäubt fiel Peke-Haua auf dem Grund seines Wasserlochs in einen tiefen Schlaf. Als Pitaka das sah, tauchte er hinunter und legte den Drachen in Fesseln. So gebunden konnten die Krieger den Taniwah Peke-Haua ans Ufer zerren und ihn töten.

Neuseeland

Nordamerika

Boyden-See im Bezirk Washington, Maine
Kitschi-At'Husis und der Riesenblutegel

Zuordnung: Wasserschlangendrache

Schamanen konnten sich bei Bedarf in Wasserschlangen verwandeln, und eine solche dramatische Verwandlung fand vor langer Zeit einmal statt.

Der Zauberer der Passamaquoddys, Medshelemet, traf unter der Wasseroberfläche einen Kollegen, der ihn zum traditionellen Duell aufforderte. Medshelemet verwandelte sich in eine große schneckenartige Kreatur, die als Weemilmekq oder Riesenblutegel bekannt war. Sein schleimiger Körper hatte eine karoförmige Zeichnung, aus dem abgeflachten Kopf ragten zwei gebogene Hörner, und statt eines Mauls hatte er ein Saugorgan mit gezacktem Rand, mit dem er sein Opfer aussaugen konnte, bis nur noch die trockene Hülle übrigblieb.

Sein Rivale verwandelte sich in ein noch grausigeres Untier, und zwar in die zwölf Meter lange Wasserschlange Kitschi-At'Husis. Ihr schuppenartiger Körper gipfelte in einem Kopf mit Geweih und einem Maul mit giftigen Fangzähnen.

Die beiden Ungeheuer umkreisten sich lauernd, keiner wollte den Kampf beginnen, denn sie ahnten, daß sie einander an Kraft ebenbürtig waren. Plötzlich jedoch warfen sie sich aufeinander und kämpften so wütend, daß das Wasser wild aufwirbelte.

Weemilmekq versuchte, sich in Hals seines Gegners zu verbeißen; gelänge ihm das, dann wäre er vor dessen Fangzähnen sicher und könnte ihn aussaugen. Kitschi-At'Husis schreckte zurück, doch der Blutegel war schneller und saugte sich fest. Verzweifelt bemühte sich Kitschi-At'Husis, sich wild zappelnd zu befreien, wurde jedoch aufgrund der schwindenden Blutmenge immer schwächer und brach schließlich tot zusammen. Triumphierend verwandelte Medshelemet sich zurück und

hob seinen besiegten Rivalen hoch, der selbst im Tod seine Schlangengestalt behielt.

Piasa, der Drachenvogel von Illinois

Zuordnung: Halbdrache

Vor langer Zeit lebte der Stamm der Illini friedlich Seite an Seite mit dem Drachenvogel Piasa, der sich damals von Rehen und anderen Säugetieren ernährte. Als ein kriegerischer Stamm in das Gebiet einfiel, änderte sich das jedoch schlagartig. Die Illini konnten zwar die Angreifer erfolgreich vertreiben, doch war die ganze Erde nun mit toten Kriegern übersät. Dies ließ sich Piasa nicht entgehen und fraß zum erstenmal Menschenfleisch. Leider kam er auf den Geschmack und griff von nun an die Illini regelmäßig an und raubte Männer, Frauen und Kinder, um sie in seiner Felsenhöhle in Stücke zu reißen und zu verschlingen. Wenn der Stamm überleben wollte, mußte er sich etwas einfallen lassen.

Eine Versammlung wurde abgehalten und verschiedene Pläne erwogen, wie man den Piasa loswerden könnte. Eine Strategie wurde nach langem Abwägen schließlich als einzige wirkungsvolle Möglichkeit gewählt. Allerdings war dieser Plan für die Männer, die ihn ausführen sollten, sehr gefährlich: Sie wollten den Piasa mit einem lebenden unbewaffneten Krieger als Köder auf den Boden locken, und die zwanzig mutigsten Krieger sollten ihn dann töten. Massatoga, ein tapferer Krieger, hatte diese Strategie vorgeschlagen, nachdem er den großen Geist um Rat gebeten hatte. Er wollte sich selbst als Köder zur Verfügung stellen.

Am nächsten Morgen stellte sich Massatoga, für den Piasa gut sichtbar, am Ufer des Mississippi auf und hob seine Arme zum Himmel. Mit klarer lauter Stimme bat er den großen Geist, ihnen bei der Überwindung des fliegenden Feindes zu helfen. Plötzlich verdunkelte sich der

G.HODAPP

210

Nordamerika

Himmel über ihm, und der Drachenvogel sank im Sturzflug auf ihn herab. Massatogas Herz bebte vor Angst.

Piasa war so rot wie Blut, so schwarz wie die Nacht und so grün wie Galle. Seine dreifarbige Gestalt war mindestens neun Meter lang und vier Meter hoch. Die lederartigen Flügel hatten eine Spannweite von fünf Metern. Sein ganzer Leib war mit Schuppen bedeckt, und jedes seiner vier Beine endete mit säbelscharfen schwarzen Krallen. Der Körper mündete in einem langen schlangenartigen Schwanz, der mit einer doppelten Flosse endete. Auf seinem Kopf trug er ein großes verzweigtes Hirschgeweih. Dampf drang aus seinen Nüstern, steife Borsten wuchsen an seinem Kinn. Seine karminroten Augen funkelten boshaft, und aus seinem mit scharfen Reißzähnen bestückten Maul drang ein markerschütterndes Wutgebrüll.

Piasa streckte noch im Flug seine Krallen nach Massatogas Körper aus. Der Krieger flüchtete jedoch unter einige nahe stehende Bäume. Die Äste der Bäume zwangen Piasa zu landen, er faltete seine Flügel, um sich damit nicht in den Ästen zu verfangen. Da sprangen die zwanzig wartenden Krieger aus ihrem Versteck, kreisten den Drachenvogel ein und beschossen ihn mit einer großen Menge giftiger Pfeile. Viele davon prallten wirkungslos an den harten Schuppen ab, einige jedoch zerfetzten Piasas Flügel und durchbohrten seine Augen. Durch den Angriff erblindet und nicht mehr fähig zu fliegen, wurde er von den Kriegern mit Tomahawks und Messern zur Strecke gebracht.

Second Mesa, Hopi-Reservat, Arizona
Die fliegende Schlange

Zuordnung: Fliegender Drache
Besucht man heute eine Stammesfamilie der Hopi-Indianer, kann es vorkommen, daß einer dieser Menschen von einem Drachen erzählt. Im Wüstengebiet zwischen der ersten und zweiten Mesa, das sind die

USA

Tafelberge der Wüste von Arizona, findet man Ruinen eines vor etlichen Jahrzehnten verlassenen Dorfes. Die Indianer wissen zu berichten, daß die Bewohner dieses Ortes ihre Behausungen verlassen mußten, weil dort ein Drache lebe, der immer wieder Säuglinge entführt hatte. Noch heute sehen einige der Alten diesen Drachen von Zeit zu Zeit über den Mesas kreisen.

Die Hopi ebenso wie die Navajo kennen den Drachen in ihren Mythen und in ihrer Religion. Es ist die flying snake, die fliegende Schlange – ein Symbol voller Magie und Kraft.

Valley River/Hiwa-See, North Carolina
Der Blutegeldrache

Zuordnung: Wasserschlangendrache

Ein Blutegeldrache – er hatte einen schlangenförmigen karminroten Körper, über den kreuz und quer weiße Streifen liefen, und war so groß wie ein Haus – besuchte oft den Zusammenfluß des Valley River mit dem Hiwa-See bei Murphy. Den dort heimischen Cherokee-Indianern war das Drachenversteck unter dem Namen Tlanusi yi (Ort des Blutegels) bekannt. Die Bewegungen des Untiers hatten eine solche Gewalt, daß das Wasser zu kochendem Schaum aufgewühlt wurde, wenn es schwamm. Man sagte, daß jeder, der in die Nähe des Wesens komme, dem Tod geweiht sei. Der Drache speie in Sekundenschnelle einen Strahl giftigen Schleims über das Opfer, das dann in den übelriechenden Schlamm des Flußbettes fiele, wo es der Riesenblutegel dann verschlänge.

Südamerika

Ten-Ten Vilu und Cai-Cai Vilu

Zuordnung: Schlangendrache

Vor Millionen von Jahren war die Insel Chiloé mit dem Kontinent verbunden. Der Geist des Wassers erschien in Form einer Schlange (Cai-Cai Vilu) und befahl den Gewässern, die Erde zu überfluten. Da erschien Ten-Ten Vilu, der Geist der Erde, auch als Schlange. Es kam zu einem gewaltigen Kampf. Ten-Ten Vilu erhöhte die Berge, Cai-Cai Vilu ließ das Wasser rauschen. Nach jahrelangem Ringen, bei dem keiner den anderen besiegen konnte, erzwang Cai-Cai Vilu schließlich einen Teilsieg, wonach Ten-Ten Vilu das Wasser nie wieder in sein ursprüngliches Bett zurückschieben konnte.

Mexiko, Tollan
Quetzalcoatl, der Schlangengott der Azteken

Zuordnung: Schlangendrache

Quetzalcoatl war der Schlangengott der Azteken, der als fliegende Schlange mit grünem Gefieder dargestellt wurde. Es gibt zahlreiche Geschichten über ihn und seinen Widersacher, Tetzcatlipoca, den Gott des Betrugs und der Dunkelheit.

In der Mythologie der Azteken war Quetzalcoatl der Herrscher von Tollan, der Hauptstadt des Reiches. Der böse Tetzcatlipoca beschloß eines Tages, die Menschen von Tollan zu vernichten und ihren Herrscher für immer zu verbannen. Er metzelte eine große Zahl Menschen nieder, und die Überlebenden lockte er mit dem Duft von geröstetem Mais in ein verdunkeltes Haus.

213

Aus Verzweiflung darüber, daß er sein Volk nicht hatte beschützen können, zündete Quetzalcoatl Tollan an und reiste einsam von den Bergen zum Meer. Dabei wurde er von Tetzcatlipoca erbarmungslos verfolgt und seiner Fähigkeiten und seines Vermögens beraubt. Bar fast aller seiner magischen Kräfte gestaltete er, auf das Meer hinausblickend, ein Floß aus ineinander verschlungenen Schlangen und segelte darauf in Richtung Osten davon.

Nach einer Prophezeiung sollte der Schutzherr ihres Landes eines Tages im Triumph zurückkehren. Diese Prophezeiung wurde den Azteken 1519 zum Verhängnis, als eine spanische Schiffsflotte an ihrer Küste anlegte. Die Konquistadoren kamen unter der Führung von Fernando Cortéz; sie ritten auf Pferden und trugen glänzende Rüstungen und Waffen. Sie wurden mit großem Pomp begrüßt, denn die Azteken glaubten, es sei der zurückgekehrte Quetzalcoatl nebst Gefolge. Doch welch Hohn: Innerhalb von zwei Jahren wurde das Aztekenreich von den Spaniern von der Landkarte gewischt und seine Bevölkerung gnadenloser ausgelöscht als einst von Tetzcatlipoca.

Orient

Behemoth

Zuordnung: Klassischer Drache

Behemoth (hebr., zu deutsch: Großtier), ein mythisches Tier, bekannt aus der Bibel, dem Buch Hiob, den Apokryphen und der jüdischen Lehre von der Apokalypse. Behemoth haust in der grenzenlosen Wüste mit Namen Dendain und wird bis zum Jüngsten Tag dort bleiben. Dann soll er gemeinsam mit Leviathan getötet werden.

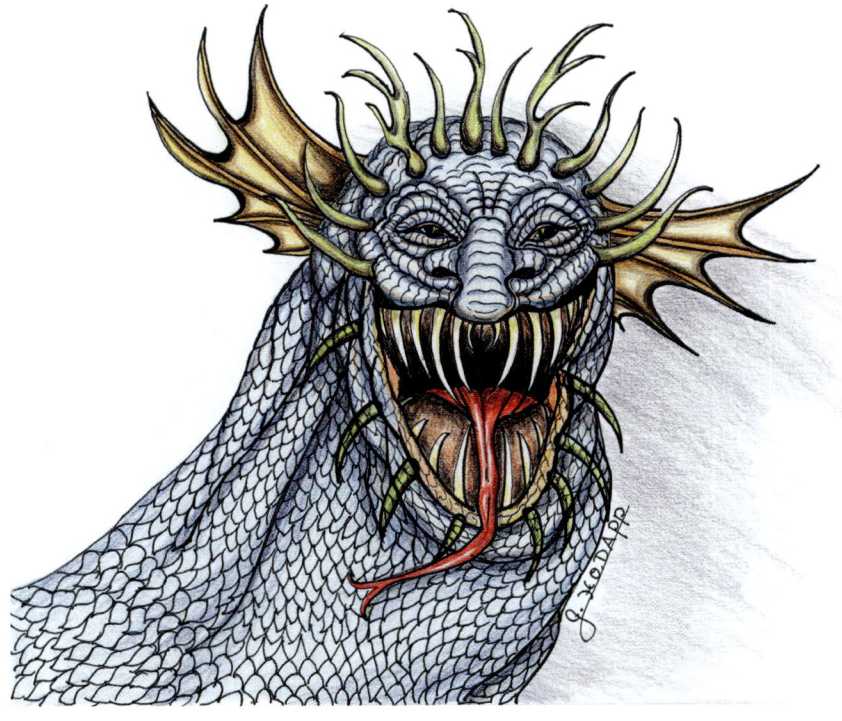

215

Behemoth ist elf Kilometer lang, sein Schwanz streckt sich wie eine Zeder, straff sind die Sehnen seiner Schenkel verflochten. Seine Knochen sind wie eherne Röhren, sein Gebein wie Eisenstangen. Er frißt Gras wie ein Rind, die Berge tragen ihm Futter zu. Er liegt unter Lotusblüten im Schilf und Schlamm verborgen.

Leviathan

Zuordnung: Wasserdrache

Am fünften Tag der Schöpfung, als Gott alle Wesen im Meer formte und ihnen Leben einhauchte, erschuf er den mächtigen Schlangendrachen Leviathan. Er sollte ein großes Meeresreich beherrschen. Sein endlos langer Körper krümmte sich zu unzähligen Windungen und war von einem undurchdringlichen Schuppenpanzer umhüllt. Er zappelte so wild im Wasser, daß der gesamte Ozean wie ein kochender Kessel brodelte. Er hatte dreihundert leuchtende Augen, die über das Meer bis zum Himmel strahlten. Aus seinen Nüstern stieß er kochendheißen Dampf, und aus seinem Rachen spie er Feuer. Sein Maul war mit einer ungeheuer großen Anzahl Zähnen bestückt. Kein Lebewesen konnte sich ihm widersetzen; er war unbezwingbar. Er verschlang riesige Drachen, als wären es Mäuse, und der Wasserspiegel des Jordan sank gewaltig ab, wenn er Wasser in seinen Rachen saugte. (Altes Testament, Buch Jesaja)

Orient

Die Schlangendrachen von Arabien

Zuordnung: Schlangendrache

Laut den Aussagen des griechischen Historikers Herodot (5. Jh. v. Chr.) wurde Arabien einst von einer großen Anzahl hochgiftiger kleiner Schlangendrachen, die Flügel hatten und in allen Farben schimmerten, heimgesucht. Sie hatten sich dicht gedrängt auf jenen Bäumen niedergelassen, aus deren Rinde das kostbare aromatische Weihrauchharz gewonnen wird. Die Weihrauchhändler hatten sich jedoch eine sichere Methode ausgedacht, um gefahrlos an das begehrte Harz heranzukommen: Sie verbrannten Styrax, ebenfalls ein Harz, unter den Bäumen; der entstehende Rauch vertrieb die Schlangen.

217

Irak, Babylon
Muschusch

Zuordnung: Halbdrache

Das Symbol Marduks, ursprünglich nur der Gott der Stadt Babylon, war der Muschusch, ein Drache, der vorn mit Löwenpfoten, hinten mit Raubvogelkrallen ausgestattet war. Sein Körper ist schuppenbewehrt und trägt einen gehörnten Schlangenkopf mit gespaltener Zunge.

Marduk war unter Hammurabi (1728–1686 v. Chr.) zum höchsten babylonischen Gott geworden, und nach dem mesopotamischen Weltschöpfungsepos „Enuma Elish" ist er der Schöpfergott. Sein Heiligtum Esaglia könnte das Vorbild des biblischen Turms zu Babel gewesen sein. Das ihm zugeordnete Himmelsgestirn war standesgemäß der Jupiter.

Tannin und der Prophet

Zuordnung: Klassischer Drache

Vor sehr langer Zeit, noch bevor das Christentum entstand, fand ein junger Mann namens Daniel in der Stadt Babylon Exil. Daniel war Jude, er stammte aus Jerusalem. Obwohl die Babylonier aus der Sicht der Juden Heiden waren, fühlte sich Daniel in dieser reichen und prunkvollen Stadt wohl.

Schnell sprach sich die Klugheit des jungen Mannes herum, und was man erzählte, beeindruckte Nebukadnezar, den König von Babylon. So bat der König den Fremden häufig in den Palast und lud ihn ein, gemeinsam mit ihm und seinem Hofe zu speisen. König Nebukadnezar fragte Daniel sehr oft um Rat, denn Daniel beherrschte die Kunst der Prophezeiung und Traumdeutung wie kein anderer. Niemals irrte er sich mit seinen Weissagungen.

Der Prophet versuchte, jedoch erfolglos, den König zum Judentum zu bekehren und ihn dazu zu bewegen, den Götzendienst, die Anbetungen

Orient

219

Irak

der vielen Steinstatuen, zu unterlassen. Ja, in Babylon beteten sie sogar den Drachen Tannin, der zu jener Zeit in der Stadt lebte, wie einen Gott an. Der Drache hatte mit den Babyloniern Freundschaft geschlossen. Er durfte sogar im Tempel des Gottes Baal wohnen und wurde von den dortigen Priestern gut versorgt. Der König besuchte den Drachen oft, denn dieser war alt und weise.

Eines Tages fragte der König den Propheten Daniel, weshalb er denn nicht auch den Drachen als Gott verehre und anbete. Schließlich sei der Drache ja eine wirklich lebende Wesenheit und nicht aus totem Stein wie die übrigen Götter Babylons. Doch der Prophet antwortete dem König, indem er erklärte, daß der Drache zwar lebend sei, aber nicht unsterblich. Ein wahrer Gott besitze jedoch Unsterblichkeit. Nebukadnezar verstand die Antwort des Propheten nicht, denn der Drache lebte schon sehr lange, war weise und gab stets rechten Rat. Niemand im Lande konnte sich daran erinnern, daß es einmal eine Zeit gegeben hatte, in der der Drache nicht da war. Auch an seine Geburt konnte sich niemand erinnern. Der König konnte nicht glauben, dass der Drache Tannin je einmal sterben könne, er sei ohne Zweifel ein Gott.

So kam es, daß Daniel dem König beweisen wollte, daß der Drache sehr wohl sterblich sei wie jeder Mensch und jedes Tier. Er gab dem Drachen vergiftete Speisen. Der gutgläubige Tannin schöpfte keinen Verdacht, denn er vertraute den Menschen und war es gewohnt, sehr gut behandelt zu werden. Deshalb aß er den Giftbrei arglos. Drei Tage lang kämpfte er mit dem Tod, dann starb er. Da mußte der König erkennen, daß Tannin tatsächlich sterblich und kein Gott war. Aber er verlor für immer einen treuen und weisen Gefährten.

Orient

Tiamat

Zuordnung: Wasserdrache

Tiamat war ein weiblicher babylonischer Drache, der als Verkörperung des Meeres galt und in der babylonischen Schöpfungsgeschichte „Enuma Elish" erwähnt wird.

Bevor die Welt erschaffen wurde, lebte Tiamat im Urchaos. Dann vermischte sie, das Salzwasser, sich mit Apsu, der Verkörperung des Süßwassers. So wurde die erste Generation, das erste Geschlecht der Götter geboren. Doch Enki, einer dieser ersten Götter, tötete Apsu. Tiamat beschloß zur Strafe für diesen (ersten) Mord, alle Götter zu vernichten. So erschuf sie ein großes Heer von Ungeheuern, das von elf mächtigen Drachen angeführt wurde.

Die übrigen Götter waren beim Anblick dieser Armee des Schrekkens derart erschrocken, daß sie Tiamat einen der Ihrigen, Marduk, opfern wollten. Marduk seinerseits bot den Göttern an, Tiamat zu töten, falls sie anschließend seine Oberherrschaft anerkennen würden.

So geschah es. Marduk besiegte den Drachen Tiamat, und aus ihrem Körper formte er das Universum. Aus dem Blut des zweiten Ehemanns von Tiamat und des Heerführers Kingu erschuf Marduk die Menschen.

Türkei, Anatolien
Der Kampf des Wettergottes gegen den Drachen Illujanka

Zuordnung: Klassischer Drache

Ca. 150 km östlich von Ankara wurden Anfang des 20. Jahrhunderts bei archäologischen Ausgrabungen hethitische Texte auf Tontafeln gefunden. Die Hethiter waren ein Reitervolk mit indogermanischer Sprache, die sich im 2. Jahrtausend v. Chr. in der Gegend des heutigen Anatoliens angesiedelt hatten.

Irak, Türkei

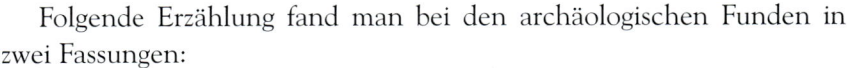

Folgende Erzählung fand man bei den archäologischen Funden in zwei Fassungen:

1. Fassung

Der Drache Illujanka besiegte den Wettergott, als sie zum erstenmal aufeinandertrafen. Die Göttin Inara versprach daraufhin einem Menschen namens Chupaschija die Ehe, falls er dem Wettergott gelobte, für ihn Rache zu üben. Bedingung war, daß er nie wieder zu den Menschen zurückkehre. Tatsächlich gelang es Chupaschija, den Göttern zu helfen.

2. Fassung

Der Drache Illujanka raubte dem Wettergott Herz und Augen, um ihn auf Dauer zu schwächen. Der unterlegene Wettergott zeugte daraufhin mit der Tochter eines armen Mannes einen Sohn, den er mit der Tochter des Drachen vermählte. Seinem Sohn gab er den Auftrag, vom Drachen Herz und Augen als Hochzeitsgeschenk zurückzuerbitten. So erlangte der Wettergott seine alte Stärke wieder und konnte in einem zweiten Kampf den Drachen besiegen. Doch nun forderte sein Sohn seinen Tod, da er sich nun der Sippe des Drachen zugehörig fühlte.

Türkei, Cirali an der westlichen Mittelmeerküste, das antike Lykien
Khimaira

Zuordnung: Halbdrache

In Argos, das zu Griechenland gehört, lebte ein Jüngling von göttlicher Schönheit namens Bellerophon, der aus der Familie Poseidons stammte. Bellerophon begehrte das fliegende Pferd Pegasus. Er rannte hinter Pegasus her, ohne Wald und Weg zu kennen, doch er blieb erfolglos. Eines Nachts teilten ihm die Götter in einem Traum mit, wie er in den Besitz des fliegenden Pferdes gelangen könnte. Und er tat, wie ihm im Traum geheißen: Als das Pferd zur Tränke ging, lauerte er ihm auf.

Als es sich zum Wasser beugte, bekam er einen der goldenen Zügel zu fassen. Damit war Pegasus sein.

Doch eines Tages tötete Bellerophon aus Versehen einen Menschen. Aus diesem Grund verließ er Argos und versteckte sich im Palast des Königs von Tiryns, Proitos. Die Königin verliebte sich nach kurzer Zeit in den gutaussehenden Jüngling und sehnte sich nach seiner Berührung. Doch Bellerophon wollte die Gastfreundschaft des Königs nicht mißbrauchen und wies die Königin ab. Kein Wesen ist so nachtragend wie eine abgewiesene Frau. So nahm sie Rache an Bellerophon, indem sie ihrem Gatten erzählte, der Jüngling habe versucht, sie mit Gewalt an sich zu ziehen. Obwohl das den Zorn König weckte, tötete er seinen Gast nicht, denn die Gastfreundschaft war heilig. Deshalb schickte er ihn mit einem Brief zu seinem Schwiegervater, dem König von Lykien, um ihn dort töten zu lassen.

Bellerophon kam nach Lykien, wo ihn der König in der Nähe des empfing und bei sich aufnahm. Erst am neunten Tag las er den Brief seines Schwiegersohns und erkannte, daß sein Gast getötet werden mußte. Doch auch er konnte ihn nun nicht mehr töten. Er überlegte sich, daß es das Beste wäre, wenn Khimaira (daher das Wort Chimäre) ihn vernichten würde. So sandte er Bellerophon aus, das Geschöpf zu töten.

Khimaira war ein Mischwesen, das aus der Verbindung des im Erdinnern hausenden Drachen Typhon mit der schlangenleibigen Echidna entstanden war (und damit übrigens eine Schwester der vielköpfigen Hydra und des Höllenhundes Kerberus war). Sie sah vorn wie ein Löwe, in der Mitte wie ein Steinbock und hinten wie eine Schlange aus, dazu spie sie noch Flammen.

Bellerophon ritt mit Pegasus zum Berg Cirali, wo er Khimaira mit seiner Lanze bekämpfte. Immer wieder mußte er mit Pegasus in den Himmel ausweichen, weil Khimaira Feuer nach ihm spie. Mit Hilfe der Götter und des geflügelten Pferdes gelang es Bellerophon zu guter letzt Khimaira zu besiegen.

Türkei

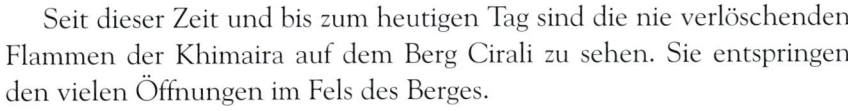

Seit dieser Zeit und bis zum heutigen Tag sind die nie verlöschenden Flammen der Khimaira auf dem Berg Cirali zu sehen. Sie entspringen den vielen Öffnungen im Fels des Berges.

Rußland
Der Zigeuner und der Drache

Zuordnung: Klassischer Drache

In den weiten Steppen Rußlands lebte einst ein Zigeunervolk, das durch die Lande zog, Heilmittel und Schmuck verkaufte und nie lange an ein und demselben Ort blieb. Sein Anführer war Yuri, ein scharfsinniger und gewitzter Mann, der sechs Söhne hatte.

Es geschah, daß das Zigeunervolk am Feiertag des heiligen Basil am Rande einer Stadt lagerte. Yuri erfuhr, daß nur wenige Werst (1 Werst = 1,0668 km) entfernt Fohlen zu einem sehr guten Preis verkauft wurden. Er witterte ein gutes Geschäft – er würde die Tiere mit gutem Gewinn weiterverkaufen. So packte er frischen Käse und einen Kanten Brot in seinen Beutel und machte sich auf den Weg zum Pferdemarkt. Seine Leute blieben zurück, um ihre Waren auf dem Markt der Stadt anzubieten.

Als Yuri in dem Ort ankam, in dem der Pferdemarkt stattfand, war er sehr erstaunt, denn alles lag verlassen. Keine Menschenseele war anzutreffen. Voller Verwunderung lief er durch die leeren Gassen des Städtchens, um herauszufinden, was geschehen war. Plötzlich vernahm er eine ängstliche, leise Stimme: „Fliehe von hier, Elender, oder der Drache wird dich auffressen!" „Wer spricht da?" fragte Yuri. „Ich bin es, der alte Westija." Hinter einigen Weidenkörben tauchte ein alter Mann mit langem Bart auf. Er zitterte am ganzen Leib und war so dünn, daß er nur aus Haut und Knochen zu bestehen schien. „Hallo Großväterchen", sage Yuri freundlich, „was geht hier vor sich?" „Ach, mein Sohn", seufzte der Alte, „ein furchtbarer Drache hat alle Bewohner dieses Städtchens gefressen ... Menschen, Tiere, ja sogar die Katzen! Ich bin der einzige Überlebende, denn ich bin alt, und dem Ungeheuer waren Haut und Knochen wohl zuwenig. Doch heute kehrt es zurück, und da es sonst nichts mehr zu Fressen findet, wird es sich wohl über mich hermachen. Also lauf schnell fort von hier, damit du nicht auch dieses Schicksal erleidest!" „Mach dir keine Sorgen, Väterchen", sagte Yuri mutig, „ich fürchte mich nicht vor dem Drachen. Wenn du tust, was ich dir sage, dann wird dir kein Leid geschehen. Versteck dich hinter den Körben, und schweig ganz still."

Schon bald erbebte die Erde unter den Schritten des Drachen. Er war riesig groß und sah sehr hungrig aus. Yuri aber wußte, daß Drachen von Natur aus eitel und neugierig sind, und begrüßte ihn wie einen Kaiser: „Guten Tag, Zar aller Drachen!" Der Drache fühlte sich durch diese Anrede sehr geschmeichelt. Er schlug mit dem Schwanz auf den Boden und spreizte die Schwingen, um seine wundervolle juwelenbesetzte Brustplatte vorzuführen. Dann senkte er den Kopf und tat bescheiden:

225

„Es ist ja gar nicht so, ich bin nur ein ganz gewöhnlicher Drache." „Ihr seid nicht gewöhnlich, wunderbarer Herr", protestierte Yuri, „Ihr seid der größte und schönste Drache von allen. Ich bin stolz darauf, Eure Kraft bewundern zu dürfen." „Ja, es ist wahr", gab das eitle Tier zu, „ich bin sehr stark, und man nennt mich üblicherweise schön. Doch wer bist du, daß du so ohne Furcht vor mir stehst?" „Ich bin der stärkste Mensch der Welt!" gab Yuri fröhlich zur Antwort. „Du bist der Stärkste? Bring mich nicht zum Lachen!" „Und doch bin ich es, auch wenn du an meinen Worten zweifelst."

Der Drache wurde nun doch neugierig auf den Zigeuner. Er hob einen Stein auf und zerdrückte ihn zu Staub. „Vielleicht kannst du das ja auch, wenn du der stärkste Mensch bist." „Das wäre nicht besonders schwierig", antwortete Yuri frech, „aber kannst du Wasser aus einem Stein pressen, so wie ich?" Ohne dem Drachen zu zeigen, was er da aus seinem Beutel genommen hatte, drückte Yuri den frischen Käse, bis Flüssigkeit zwischen seinen Fingern hervorrann. Nun gut, dachte sich der Drache, er ist wirklich sehr stark. Es ist wohl besser, ihn nicht zum Feind, sondern zum Freund zu haben. Um die Freundschaft Yuris zu gewinnen, machte er ihm einen Vorschlag: „Komm mit in meine Behausung, und iß mit mir. Du bist ein nettes menschliches Wesen und ich möchte, daß wir Freunde werden." „Sehr gut, Drache, laß uns gehen."

Das Ungeheuer nahm Yuri mit zu der Höhle, in der es hauste, und bat ihn dann: „Wärst du wohl so nett, in den Wald zu gehen und eine Eiche für das Feuer zu holen?" Yuri machte sich auf den Weg, fest entschlossen, dem Drachen seinen Trick nicht preiszugeben, aber seine Arme waren bei weitem nicht stark genug, um einen der mächtigen Bäume zu entwurzeln und zur Höhle zu schaffen. Doch da kam ihm eine Idee. Er band eine Gruppe stämmiger Eichen mit dem Tau zusammen, das der Drache ihm mitgegeben hatte. Nach einer Weile bemerkte der Drache, daß der Zigeuner noch immer nicht zurückgekehrt war, und begab sich ebenfalls in den Wald. Dort fand er Yuri, der eifrig damit beschäftigt war, die Bäume fest aneinander zu binden. „Was um alles in der Welt machst du da?" fragte der Drache erstaunt. „Nun ich dachte, ich bringe alle diese Bäume hier mit, dann haben wir genügend Brennholz für viele Tage." „Laß es gut sein, wir wollen ja nicht gleich den ganzen Wald fällen", antwortete der Drache, mehr und mehr von Yuris Kräften überzeugt. „Ich werde einen Stamm nach Hause schaffen, du kannst inzwischen einen Ochsen zum Kochen besorgen. Hinter dem Haus auf der Weide findest du eine große Herde. Such einfach den besten aus."

Entschlossen schritt Yuri auf die Weide zu. Nach einer Weile fand ihn der Drache dabei, wie er alle Ochsen zusammenband. „Was machst du denn jetzt?" „Ich wollte gleich alle Ochsen mitbringen, dann könnten wir einen schönen Eintopf kochen." „Freund", seufzte der Drache, „du hast eine seltsame Methode, die Dinge anzugehen. Ein Ochse wird schon genug sein. Ich werde ihn selbst nach Hause schaffen." Etwas verwundert über das Verhalten seines Gastes suchte sich der Drache den besten Ochsen aus, tötete ihn, häutete ihn und begann mit dem Kochen. Die beiden Freunde taten sich an dem Mahl gütlich. Mit vollem Magen war dann der Drache in einer friedlichen Stimmung und bot dem Zigeuner an, ihn nach Hause zu begleiten. „Vielen Dank", antwortete Yuri, „doch ich hatte eigentlich daran gedacht, einige Pferde zu kaufen." „Mach dir darum keine Sorgen. Ich besitze einen wunderschönen Hengst, den ich dir für 100 Rubel verkaufen werde." Yuri stimmte dem Handel zu und machte mit dem Drachen aus, ihn zu bezahlen, sobald sie zurück bei den Zigeunern wären.

Da es ein langer Weg werden würde, entschloß sich der Drache dazu, Menschengestalt anzunehmen. Sie nahmen zwei Pferde aus dem Besitz des Drachen und machten sich auf die Reise. Unterwegs warnte Yuri seinen Freund vor seinen sechs Söhnen, die nicht nur sehr kräftig wären, sondern auch über hellseherische Fähigkeiten verfügten. Als sie das Lager erreichten, rannten die Söhne Yuri entgegen. Sie sahen nur den einen Hengst und begannen zu rufen: „Du hast nur einen mitgebracht!" „Der muß für mich sein!" rief der Älteste. „Nein, nein, ich möchte ihn haben!" erwiderte der Kleinste. Yuri sah den Drachen an

Russland

und sagte: „Diese Spitzbuben. Habe ich dir nicht gesagt, dass sie hellsehen können? Sie haben dich erkannt!" Der Drache war entsetzt. Womöglich wollten sie ihn als Spielzeug behalten oder ihn gar verspeisen. Da sie ja so stark waren wie ihr Vater, gab es wohl kaum Hoffnung auf ein Entkommen. Schnell stieg er vom Pferd ab, nahm wieder Drachengestalt an und flog in wilder Panik davon. Nie wieder dachte er daran, auch nur in die Nähe der russischen Steppen zu kommen, wo Zigeuner so stark sind, daß sie sich um Drachen streiten.

Orient

Ostasien

Borneo
Kinabalu

Zuordnung: Wasserdrache

Auf dem Gipfel des Berges Kinabalu in Borneo lebte ein großer Drache, der im Besitz einer wunderbaren riesigen Perle war. Als der Kaiser von China davon erfuhr, schickte er Krieger aus, um dem Drachen die Perle zu entreißen. Doch die meisten der kaiserlichen Diebe konnte der Drache töten und so seinen Besitz schützen. Einige der Krieger entkamen und flüchteten zurück nach China.

Der Kaiser entschied nun, daß seine beiden Söhne Wee Ping und Wee San aufbrechen sollten, um der herrlichen Perle habhaft zu werden. Wee San hatte eine Idee, wie es gelingen könnte, den Drachen zu bestehlen. Als der Drache sein Nest verlassen hatte, um Nahrung zu suchen, schlich sich Wee San hinein und tauschte die Perle gegen eine Fälschung aus. Sofort nach seiner Rückkehr bemerkte der Drache den Diebstahl. Er schwamm den chinesischen Schiffen hinterher, um sich sein Eigentum zurückzuholen. Wee San befahl seinen Männern, die Kanone klarzumachen und feuerte auf den Kopf des Drachen. Der Drache glaubte, daß die Kanonenkugel seine Perle sei. Er verschluckte sie und mußte sterben.

Wee Ping war habgierig, deshalb belog er seinen Vater und behauptete, er selbst und nicht sein Bruder hätte den Drachen getötet. Zudem wollte Wee Ping die Perle auch noch für sich selbst. Der klügere Wee San wollte jeden Streit zwischen seinem Bruder und sich selbst vermeiden und verließ deshalb China. Manche glauben, daß Wee San zum König von Brunei wurde und den Rest seines Lebens sehr glücklich war. Der Lügner Wee Ping brachte jedoch aufgrund seines schlechten Charakters ein Unglück nach dem anderen über sich.

229

230

Ostasien

China
Nie Lang

Zuordnung: Wasserdrache

Nie Lang war ein Junge, der zu der Zeit einer großen Dürre gemeinsam mit seiner Mutter in der chinesischen Provinz Szechuan lebte. Nie Lang war von seinem Fürsten beauftragt, täglich Gras für dessen edlen Pferde zu schneiden. Doch eines Tages konnte Nie Lang nirgendwo mehr Gras finden. In der Stunde seiner größten Not erschien dem Jungen ein weißer Hase, der ihn zu einer Stelle führte, an der sehr viel frisches und saftiges Gras wuchs.

Nie Lang legte nun jeden Tag eine große Strecke zurück, um das saftige Gras für die Pferde seines Herrn zu schneiden. Eines Tages aber hatte er die Idee, einige Grasbüschel auszugraben, sie mit nach Hause zu nehmen und dort anzupflanzen. Schließlich würde ihm dies einiges an Zeit und Mühe ersparen. Als er die ersten Grasbüschel ausgrub, fand Nie Lang eine wunderschöne, helleuchtende Perle, die unterhalb der Wurzeln lag. Nie Lang nahm beides mit sich nach Hause. Er pflanzte das Gras, die Perle jedoch verbarg er in einer halbleeren Reisschale, um ihr Leuchten zu verbergen.

Am nächsten Morgen jedoch fand Nie Lang das tags zuvor noch frische Gras verdorrt, die halbleere Reisschale hingegen quoll über. Nun hatten Nie Lang und seine Mutter ohnehin stets viel mehr Reis, als sie selbst essen konnten. So teilten sie redlich den neuen Reichtum mit ihren Nachbarn. Es dauerte nicht lange, bis Graf Zhou, Nie Langs Herr, von der magischen Perle erfuhr. Er kam mit seinen Wachen zu Nie Langs Haus, um die Perle für sich selbst zu nehmen. Voller Sorge, daß er die Perle seinem Herrn geben müsse, schluckte Nie Lang die Perle herunter. Doch sie fühlte sich in seinem Bauch so heiß an, daß Nie Lang gezwungen war, sehr viel Wasser zu trinken. Ja, er mußte sogar zum nahe gelegenen Fluß laufen, um sich in ihm abzukühlen und zu erfrischen.

Der Herrscher und seine Wachen folgten Nie Lang, denn sie wollten ihn einfangen, um endlich an die wundersame Perle zu kommen. Doch

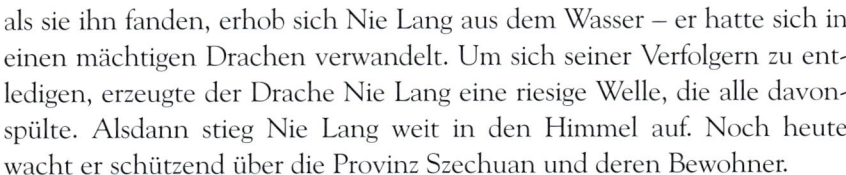

als sie ihn fanden, erhob sich Nie Lang aus dem Wasser – er hatte sich in einen mächtigen Drachen verwandelt. Um sich seiner Verfolgern zu entledigen, erzeugte der Drache Nie Lang eine riesige Welle, die alle davonspülte. Alsdann stieg Nie Lang weit in den Himmel auf. Noch heute wacht er schützend über die Provinz Szechuan und deren Bewohner.

Indonesien, Sunda-Inselgruppe
Die Drachen von Komodo

Zuordnung: Halbdrache

Hauptsächlich auf der Insel Komodo leben die Komododrachen (Warane), die größten uns bekannten noch lebenden Echsen der Welt. Diese, dem Drachen aus Legenden und Mythen sehr ähnelnde Geschöpfe, wurden erst 1912 von Wissenschaftlern entdeckt. Die Einheimischen wußten jedoch von ihrer Existenz und, daß sie in der Lage waren, Menschen mit einem Schlag ihres mächtigen Reptilienschwanzes zu töten. Der Komodowaran ist etwa drei Meter lang, mit einer grauschwarzen schuppigen Haut; er hat eine gespaltene gelbe Zunge, einen langen kräftigen Schwanz und vier kurze Beine mit scharfen Krallen. Leider ist er vom Aussterben bedroht.

Japan
Rin Jin

Zuordnung: Wasserdrache

Rin Jin (auch: Ryujin oder Rinjin) ist ein japanischer Drachenkönig. Er lebt in einem Palast am Meeresgrund. Eine der Geschichten von Rin Jin erzählt, wie die Tintenfische ihre Knochen verloren.

Demnach gab es einmal eine Zeit, in der Tintenfische Knochen,

Flossen und Füße hatten. In dieser Zeit sandte der Drachenkönig einen Tintenfisch aus, um einen lebenden Affen zu finden. Denn die Geliebte des Drachen verlangte es nach der Leber eines lebenden Affen. Der Tintenfisch traf einen Affen und lud ihn ein, ins Unterwasserkönigreich mitzukommen. Der Affe sagte zu, und zusammen machten sie sich auf den Weg in das Unterwasserreich. Auf der Wanderung erzählte der Tintenfisch dem Affen den wahren Grund für die Einladung. Schlau, wie der Affe war, antwortete er, daß er sich schon vor Antritt dieser Reise die Leber selbst herausgenommen hatte. Er könne ja zurückkehren und die Leber holen. Den Tintenfisch schickte der Affe allein zurück ins Königreich, um dort zu berichten, daß er später, sobald er seine Leber geholt habe, nachkomme. Dies tat der Tintenfisch getreulich. Als aber der Drache Rin Jin den Bericht des Tintenfischs hörte, ärgerte er sich derart, daß er ihm alle Knochen aus dem Leibe schlug. Seit diesem Tag haben alle Tintenfische das heute bekannte Aussehen.

Japan, Provinz Izumo
Der achtköpfige Drache

Zuordnung: Schlangendrachen

Als Susa-no-wo, der Bruder der Sonnengöttin Ama-terasu, am Fluß Hi-no-ka-mi spazierenging, begegnete ihm eine wunderschöne Frau. Sie befand sich in Gesellschaft eines älteren Paares. Alle drei sahen zutiefst verzweifelt aus. Auf seine Frage, warum sie weinten, erzählten sie ihm, daß das ältere Paar die Eltern der jungen Frau waren. Sie hatten von acht Töchtern nur noch diese, denn seit sieben Jahren wurde jährlich eine ihrer Töchter von dem Drachen aus Koshi entführt und verschlungen. Bald würde er auch ihre letzte Tochter, sie hieß Kush-inada-hime, holen.

Der Drache war so riesig, daß sein mächtiger Körper sich über acht Berge und acht Täler erstreckte. Er hatte acht peitschende Schwänze und acht grauenhafte Köpfe mit roten Augen wie japanische Winter-

233

kirschen. Sein Bauch war ekelhaft entzündet. Kein Mensch hätte dieses Ungeheuer bezwingen können. Aber Susa-no-wo war mehr als ein Mensch und wollte den Kampf aufnehmen. Als Gegenleistung für ihre Rettung wollte er das schöne Mädchen heiraten. Die Eltern stimmten, glücklich über dieses Angebot, erfreut zu.

Susa-no-wo machte sich sofort an die Arbeit. Er verwandelte seine zukünftige Braut in einen unauffälligen Kamm, den er in seinem Haar versteckte. Dann wies er die Eltern an, eine große Menge starken Sake (Reisschnaps) zuzubereiten und diesen in acht große Fässer zu füllen. Danach wurde eine riesige Palisade mit acht Toren errichtet. Hinter jedem Tor befand sich eine lange Bank. Auf jede Bank wurde ein Faß Sake gestellt. Anschließend versteckten sich alle in der Nähe und warteten auf den Drachen.

Wie vermutet, lockte der schwere Duft des Sake das Ungeheuer an. Mit unsagbarer Gier schlürfte er mit seinen acht Mäulern jeweils ein Faß leer. Schon nach kurzer Zeit war er so betrunken, daß er im Vollrausch zu Boden sank. Ohne Zeit zu verlieren, kam Susa-no-wo aus seinem Versteck und zerhackte mit seinem scharfen Schwert den bewußtlosen Drachen in unzählige Stücke, bis die Wasser des Hi-no-ka-mi zu einem blutroten Strom geworden waren.

Nachdem er den Drachen bezwungen hatte, begann Susa-no-wo mit seiner Braut ein neues Leben

Die wunderbare scharfe Klinge, die er zu seiner Überraschung in einem der Schwänze des Drachen gefunden hatte, schenkte er später seiner Schwester, der Sonnengöttin. Es war das Kusa-nagi-no-tachi, das kräuterbezwingende Drachenschwert.

234

Weitere
Drachen
A – Z

z.T. aus englischen Quellen übersetzt

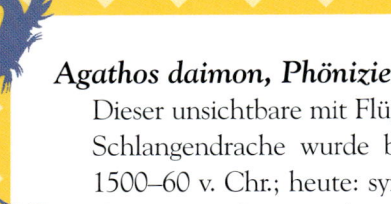

Agathos daimon, Phönizien

Dieser unsichtbare mit Flügeln und einer herzförmigen Zunge bestückte Schlangendrache wurde bei den Phöniziern (Seefahrerkultur zw. ca. 1500–60 v. Chr.; heute: syrisch-libanesisch-israelische Mittelmeerküste) als gütiger Schutzgeist betrachtet.

Ahriman, Persien

Ahriman verkörpert die Dunkelheit schlechthin. Er drang in den Himmel in Form eines Drachen ein und wurde von Gott Mitra bekämpft und besiegt (persische Sage).

Aido Hwedo, Haiti

Aido Hwedo ist die Regenbogenschlange der Dahmoey-Mythen und Teil der Naturreligion Haitis. Sie war am Schöpfungsprozeß der Welt beteiligt und hält diese mit ihrem Schwanz im Gleichgewicht. Eines Tages wird Aido Hwedo ihren eigenen Schwanz essen. Die Welt wird dann ihren Halt verlieren, ins Urmeer stürzen und untergehen.

Anzu, *China* ➜ Zu

Ao Ch'In, *China* ➜ Drachenkönige

Ao Jun, *China* ➜ Drachenkönige

Ao Kuang, *China* ➜ Drachenkönige

Ao Shun, *China* ➜ Drachenkönige

Apalala

Apalala ist ein Wasserdrache aus der buddhistischen Religions- und Sagenwelt. Er lebte an der Quelle eines Flusses, bis er von Buddha selbst zum Buddhismus bekehrt wurde.

237

A

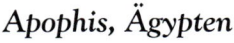

Apophis, Ägypten

(auch: Apop, Apep, Apopis, Apepi oder Aapep) Apophis ist der ägyptische Drache der Finsternis und wird in Form einer Riesenschlange dargestellt. Er hat Macht über Gewitter, Blitze und Wirbelstürme. Jeden Tag versucht er, das Boot zu verschlucken in dem der Sonnengott Amun-Ra die Sonne trägt. Doch jeden Morgen hat Amun-Ra den Kampf erneut gewonnen so daß es immer wieder Tag werden wird.

Artrellia, Neuguinea

Die Papua-Stämme in den Urwäldern von Neuguinea behaupten, es gäbe dort einen bis zu neun Meter langen wilden Drache, den Artrellia, der jeden, der ihm begegne, angreife und töte. 1980 wurde die „Operation Drake" gestartet, eine wissenschaftliche Forschungsreise unter der Leitung von John Blashford-Snell. Ihm wurde ein junger Artrellia übergeben, und man fand heraus, daß es sich um eine bereits bekannte Echsenspezies handelt, die Bindenwaran genannt wird.

Basilisco, Chile

Der Basilisco aus Chile schlüpft aus dem Ei einer alten Henne oder eines roten Hahns. Er hat die Form eines Wurms mit Hahnenkopf und ist etwa sechzig Zentimeter lang (Halbdrache). Er kann mit seinem verderbenbringenden Blick selbst große Tiere töten.

Capacti, Mexiko

Capacti stammt aus der mexikanischen Mythologie. Danach wurde die Erde aus dem Körper Capactis geschaffen. Dies ist interessant, da auch die europäischen Druiden die Erde „Drachenleib" nannten.

Champ, Kanada

Es wird immer wieder berichtet, daß dieser schlangenförmige Wasserdrachen, der einen neun Meter langem Leib haben soll, im kanandischen Champlainsee in der Provinz Quebec gesehen worden sei.

Drachen

Chi Lung Wang, China

Chi Lung Wang ist einer der zahlreichen chinesischen Drachen-könige. Er wurde angerufen, wenn große Brände bekämpft werden mußten.

Cockatrice, Chile

1784 hörte man in Chile von einem Cockatrice (engl. cock = Hahn; also ein Halbdrache). Er soll ein riesiges Ungetüm mit zwei Schwän-zen, Flügeln, zwei Beinen wie die eines Hahn gewesen sein und auf dem Kopf zwei Hörner eines Bullen, Eselsohren und dabei das Ge-sicht eines Mannes gehabt haben. Man erzählte, er käme nachts aus dem Fagua-See heraus und ergreife mit einem seiner Schwänze seine Beute, Ochsen, Schweine und andere Tiere, und töte sie mit dem anderen Schwanz. Dieses Gerücht wurde später als bewußte Falsch-meldung entlarvt.

Culebrón, Chile

Der Schlangendrache El Culebrón erscheint in Chile alle zwanzig bis dreißig Jahre unter fürchterlichem Lärm. Der erste, der ihn sieht, muß sterben.

Dahak, Persien/Irak

Dahak ist der Name eines persischen dreiköpfigen Drachen, der durch den Helden Athwya getötet wurde. Ein mit Dahak verwand-ter Drache ist → Zohak.

Delphyne, Griechenland

Delphyne ist ein weiblicher Drache des Alten Griechenlands. Sie beschützte Zeus, als er von Typhon gefangengenommen wurde. Delphyne war auch die erste, die Apollon bei seiner Ankunft in Del-phi begrüßte.

A,B,C,D

Donnerdrache, China

Der Donnerdrache ist ein Schlangendrache mit schlangenartigem Körper und Schuppen aus Obsidian (Halbedelstein). Er verwandelt sich oft in einen Jungen mit ultramarinblauer Haut, der auf einem Karpfen reitet. – *(Abb. oben)*

Drachenkönige, China

Nach den taoistischen Legenden gibt es vier Hauptdrachen. Ihre Namen sind Ao Ch'in, Ao Jun, Ao Kuang und Ao Shun. Im Westen Chinas werden sie einfach die Vier Brüder genannt. Jeder einzelne der Vier Brüder regiert eines der vier Meere, in deren Zentrum die Erde liegt. Jeder der vier Drachenbrüder lebt für sich in einem Unterwasserpalast, der Kristallpalast genannt wird. Außer den Drachen selbst leben dort auch ihre Minister, ihre Armeen aus Fischen, Krabben und Krebsen und ihre Unterseepolizei. Die Drachenkönige sind dafür verantwortlich, wo und wieviel es regnen wird.

Drachenpferd, China

Das Drachenpferd oder der gelbe Drache ist ein Schlangendrache.

Es/Er ist der göttlicher Botschafter, der dem Fluß Lo entstieg und die acht Trigramme des Weissagungssystems des I Ging offenbarte.

Draig, Großbritannien

Draig war die keltische Bezeichnung der Stammesführer und Könige. Hiervon läßt sich auch der Name „Pendragon" ableiten. Diesen Namen – eigentlich war es ein Titel – trugen der britische König Uther und später sein Sohn Artus, der aus der Merlinsage bekannt ist. Artus selbst hatte somit zwei außergewöhnliche Namen. Denn Art und Urs (zusammen Artus) bedeuten jeweils Bär, Pendragon „Drachenmensch" bzw. „Drachenkönig".

Feuerdrache, China

Der Feuerdrache ist ein Schlangendrache mit menschlichem Körper, der in einem Schlangenschwanz endet.

Fliegende Schlange, Indien

Über eine besonders tödliche, nachtaktive fliegende Schlange wurde in Indien berichtet. Der Urin dieser Schlange war so giftig, daß bereits ein Tropfen, der die Haut eines Menschen traf, während die Schlange über ihn hinwegflog, das Gewebe völlig verfaulen ließ.

Fu-ts'ang lung, China

Fu-ts'ang lung ist ein chinesischer Schlangendrache, den man den Drachen der Schätze nennt.

Gelber Drache, China → Drachenpferd

Goin, Norwegen

Goin, Nidhoggr und Grafvould sind die Wesen der Unterwelt. Sie leben unter dem Weltenbaum – der Weltenesche Yggdrasil – aus der keltisch-germanischen Mythologie.

241

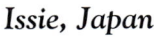

Issie, Japan

Immer wieder wird berichtet, daß im Ikeda-See in Japan ein Wasser-drache mit zwei Buckeln gesehen worden sei.

Kataore, Neuseeland

Kataore war ein Drache (Taniwah), der in einer Höhle nahe bei Toorua im Gebiet von Tiki-Tapu, Neuseeland, lebte. Der Krieger Pitaka tötete gemeinsam mit seinen Gefährten den Drachen. Doch der Drache Kataore war ein Haustier des polynesischen Häuptlings Tangaroa-Mihi. Der war über den Tod seines Tieres derart zornig, daß er von nun an gegen Pitaka Krieg führte (siehe auch S. 206).

Largo

Der König von Largo war Ypocras. Eine Gottheit verwandelte seine Tochter in einen Drachen, der seither als „Die Dame vom Land" ge-nannt wurde, von nun an lebte die Königstochter als Drache in der Höhle eines Schlosses. Sie würde von diesem schrecklichen Zauber nur erlöst werden, wenn ein Ritter sie auf den Mund küßte. Viele Ritter kamen, doch keiner von ihnen konnte den Mut aufbringen, den Drachen zu küssen. Die meisten flohen eher vor Furcht, denn sie konnten den schrecklichen Anblick des Drachen nicht ertragen. All jene, die flohen, erlitten kurz danach einen raschen Tod.

Lung wang, China

Lung wang ist der unsterbliche Drachenkönig, der in einem Palast auf dem Grund des Ozeans wohnt. Er ist ein Schlangendrache.

Lyminster, England → Knucker

Manipogo, Kanada

Immer wird von Sichtungen eines Drachen im Winnepegosis-See in Kanada berichtet. Er soll einen Buckel auf dem Rücken haben und ein vom Hinterkopf abstehendes Horn.

Drachen

Moin, Norwegen

Moin ist wie Midgard eine der Schlangen der Unterwelt, die unter der Weltenesche Yggdrasil leben (nordischer Sagenzyklus der Edda).

Mokele-mbembe, Kongo

In den vergangenen zwanzig Jahren wurde der Mokele-mbembe von vielen einheimischen und europäischen Beobachtern in den Likouala-Sümpfen gesichtet. In den achtziger Jahren suchten einige Expeditionen (viele von Professor Roy Mackal geleitet) die Sümpfe nach diesem Wesen ab. Es wird vermutet, daß es sich um einen Sauropoden (langhalsiger pflanzenfressender Dinosaurier) handelt. Es ist ein Wasserdrache mit einem elefantenartigen Körper, langem schmalem Nacken, kleinem Kopf, vier riesigen Gliedmaßen, Krallenfüßen, die einen dreizehigen Abdruck hinterlassen, und einem sehr spitz zulaufenden Schwanz von etwa neun Meter Länge.

Moko

Moko ist der König aller Eidechsen (unbekannte Herkunft).

Mo-O-Inanea, Hawaii

Mo-O-Inanea ist der Drache mit dem größten Selbstbewußtsein und gilt nach den hawaiianischen Mythen als die Mutter aller Drachen.

Musrussu, Babylon/Irak

Der Musrussu-Drache (Muschusch) gilt als persönliches Symbol des babylonischen Gottes Marduk (siehe auch S. 218).

Nagas, Tibet & Indien

Geflügelte Schlangen aus der buddhistisch-hinduistischen Mythologie. Es sind halbgöttliche Wesen mit einem Schlangenkörper. Sie bewohnen die Unterwelt Nagaloka. Nagashvara ist der Herr der Nagas. Oft werden die Nagas als dämonische Wesen bezeichnet, die Krankheiten bei Menschen und Tieren verursachen.

I,K,L,M,N

Nidhoggr, Norwegen

Nidhoggr ist eine Schlange (Drache) aus den nordischen Mythen. Sie nagt an einer der drei Wurzeln der Weltenesche Yggdrasil. Nidhoggr frißt Leichen und ist somit ein Wesen der Unterwelt. Zwischen dem Adler, der in der Krone von Yggdrasil sein Nest hat, und den Schlangen der Unterwelt, die am Lebensnerv des Weltenbaums nagen, herrscht großer Streit. Das Eichhörnchen Ratatoskr springt von Ast zu Ast, um zwischen diesen beiden entgegengesetzten Kräften, zwischen Leben und Tod, zwischen Auf und Ab, zu vermitteln. Mit Nidhoggr sind auch die Drachen → Goin, Grabak, Grafvitnir, Grafvolud, → Moin, → Ofnir und Svafnir (= Fafnir, siehe S. 71) verwandt.

O Gon Cho, Japan

O Gon Cho ist ein Weißer Drache, der in dem tiefen See Ukisima, in Japan, leben soll. Der See Ukisima liegt in der Nähe der Großstadt Kyoto an einem Platz, der auch Yama Shiro genannt wird. Den Erzählungen nach soll sich der Drache alle fünfzig Jahre in einen goldenen Vogel verwandeln, dessen Schrei als Vorzeichen einer Hungersnot gilt.

Ofnir, Norwegen

Ofnir ist wie → Nidhoggr eine der Schlangen, die unter den Wurzeln der Weltenesche Yggdrasil leben.

Ollipeist, Irland

Ollipeist ist ein irischer Drache. Den Überlieferungen nach hat St. Patrick die Insel Irland von allen Schlangen und anderem Kriechgetier befreit. Auch Ollipeist flüchtete vor St. Patrick. Bei seiner Flucht riß der Drache einen mächtigen Graben in die Erde. Dieser Graben ist heute als das Shannon-Tal bekannt.

Pollard Worm, Großbritannien

In Bishop Auckland im County Durham, England, wurde eine Riesenschlange oder ein Drachenwurm getötet, den man Pollard Worm nannte.

Riesenschlange, Italien

1934 wurde von Bauern berichtet, daß in der Nähe von Syrakus auf Sizilien eine riesige Schlange lebe, die wie ein Dinosaurier aussehe und sie bedrohe. Jagdtrupps wurden organisiert, die die Schlange töteten.

Shen-lung, China

Shen-lung ist der Drache des Geistes, aber auch der Herr der Stürme ebenso wie der vom Himmel getragene Regenbringer. Das Bild dieses Drachen – es ist ein Schlangendrache mit azurblauen Schuppen, der an jedem Bein fünf Zehen hat – durfte ausschließlich vom Kaiser für schmückende Zwecke, zum Beispiel auf den königlichen Gewändern, verwendet werden. Zuwiderhandlungen wurden mit dem Tod bestraft.

Singende Schlangen, China

Das Erscheinen der singenden Schlangen vom Berg Sien war von klappernden Lauten begleitet. Es sagte stets verläßlich eine große Dürre für die Nachbarstadt voraus. Diese Schlangendrachen hatten längliche Schlangenkörper, bestückt mit vier Flügeln.

Skoffin, Island

Der Skoffin, ein Halbdrache mit Hahnenkopf und Drachenkörper, konnte nur durch den Blick eines anderen Skoffins vernichtet werden oder indem man ihn mit einem silbernen Knopf, auf dem ein Kreuz eingraviert war, beschoß.

T'ao t'ieh, China

Dieser chinesische Schlangendrache hat zwar nur einen Kopf und ein paar Vorderbeine, jedoch zwei Körper, die jeweils mit einem Paar Hinterbeinen und einem Schwanz ausgestattet sind. Im zweiten

245

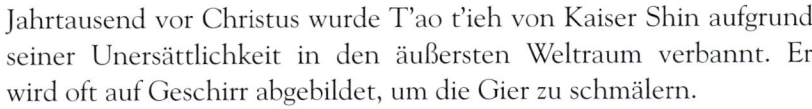

Jahrtausend vor Christus wurde T'ao t'ieh von Kaiser Shin aufgrund seiner Unersättlichkeit in den äußersten Weltraum verbannt. Er wird oft auf Geschirr abgebildet, um die Gier zu schmälern.

T'ien lung, China

T'ien lung ist der himmlische Drache, der Beschützer des Himmels und der Wächter der Behausungen der Götter. Er gehört zu den Schlangendrachen.

Tatsu, Japan

Tatsu, ein Schlangendrache mit vier Füßen, die jeweils mit drei Zehen bestückt sind, wird traditionell mit dem Meer in Verbindung gebracht.

Tatzelwurm, Italien

Im Jahre 1954 berichteten Bauern aus einer Gegend nahe Palermo, daß ein Geschöpf mit Schlangenkörper, zwei Beinen und Katzenkopf (Halbdrache) über ihre Schweine hergefallen sei.

Tatzelwurm, Österreich

Im Sommer 1921 soll in Hochfilden, Österreich, ein Tatzelwurm (Halbdrache) mit raubkatzenartigem Kopf und zwei Vorderbeinen an einem schlangenförmigen Körper einen Hirten und einen Wilddieb angegriffen haben, die auf ihn geschossen hatten. Beide flohen vor Schreck.

Ti-lung, China

Ti-lung ist der Drache des Landes sowie der Ströme und Flüsse, der den Frühling im Himmel und den Herbst im Meer verbringt. Er gehört zu den Schlangendrachen.

Uroboros

Uroboros zählt zu den geheimen mittelalterlichen Symbolen der Al-

Drachen

Tatsu, Japan

247

S,T,U

chimie. Darstellungen zeigen einen Drachen, der sich in den eigenen Schwanz beißt.

Wormstall, Großbritannien

In Baslow in Derbyshire, England, erinnert man sich, daß vor langer Zeit ein Drachenwurm in einer Höhle gelebt haben soll, der schon damals Wormstall (Wurmstall) genannt wurde. Heute noch kennt man die Höhle als Drachenhöhle (Dragon´s Cave). Einige der Alten, die noch die überlieferten Sagen erzählen, erinnern sich daran, daß der Drache von Baslow wahrscheinlich derselbe war, der sich einst von „Wormshill" in den Westen des Landes schlängelte.

Wybrant-Viper, Großbritannien

Die Grafschaft Gwynedd wurde von der Wybrant-Viper, einem heimtückischen und besonders giftigen Schlangendrachen, tyrannisiert. Man erzählt sich dort, daß einer der Geächteten von Hiraethog auszog, um das Ungetüm zu töten. Zwar gelang ihm dies, doch der Unglückliche wurde im Todeskampf des Drachen von diesem gebissen und dadurch tödlich vergiftet.

Ti-lung, China

249

W

250

Quellenverzeichnis

Andersen, J.C.: Myths and Legends of the Polynesians. Charles E. Tuttle Company, 1969

Bardon, Franz: Der Weg zum wahren Adepten. Freiburg, 1955

Beitl, R.: Im Sagenwald. Feldkirch, 1953 (Nachdruck Bregenz, 1982)

Deecke, Ernst: Lübische Geschichten und Sagen. Lübeck, 1911

Diplich, Hans/Karasek Alfred: Donauschwäbische Sagen, Märchen und Legenden, Heft 6. München, 1952

Dünninger, Josef: Fränkische Sagen vom 15. bis zum Ende des 18. Jahrhunderts. Kulmbach, 1964

Fernando, Diana: Alchemy, an illustrated A to Z. Blandford, 1998

Fink, Hans: Volkserzählungen aus Südtirol; unveröffentlichte Quellen, gesammelt und zusammengestellt. Münster, 1969

Friebe, J. Georg: Vorarlberger Naturschau. Dornbirn

Gath, Peter Goswin, Rheinische Sagen von der Quelle bis zur Mündung, Köln/Krefeld 1949

Gould, Charles u.a.: The Dragon. Biddles Ltd, Henry Brooks Ltd, 1977

Graber, Georg: Sagen aus Kärnten. Leipzig, 1914

Grimm, Gebrüder: Deutsche Sagen; 3. Auflage. Berlin, 1891

Hemberger, Adolf: Pansophie und Rosenkreuz. Gießen, 1974

Henßen, Gottfried: Sang und Sage am Rhein. Essen, 1935

Knappert, Jan: The Aquarian Guide to African Mythology. Aquarian Press

Kühnau, Richard: Breslauer Sagen. Breslau, 1926

Mittwede, Martin: Spirituelles Wörterbuch Sanskrit-Deutsch; 3. überarb. Auflage. Heidelberg, 1999

Müllenhoff, Karl: Sagen, Märchen und Lieder der Herzogthümer Schleswig-Holstein und Lauenburg. Kiel, 1845

Pennick, Nigel: Dragons of the West. Capall Bann Publishing, 1997

Philaletha, Eugenius: Magia Adamica oder das Altertum der Magie. Leipzig, 1749

Philaletha, Eugenius: Antroposophia Theomagica. Leipzig, 1735

Privatschrift: Betrachtung über die Alten=Miten mit Rücksicht auf Maurerei. 1831

Ranke, Kurt: EM des Märchens, Bnd. 3, Handwörterbuch zur hist. und vergl. Erzählforschung. Berlin/New York, 1980

Sant, Montse: Das Buch der Drachen. Augsburg, 1984

Schönwerth, Franz: Aus der Oberpfalz, Sitten und Sagen; erster Teil. Augsburg, 1857

Shuker, Dr. Karl: Drachen. Augsburg, 1997

Straub, Wilhelm: Sagen des Schwarzwaldes. Konkordia AG, 1956

Stylianos Atteshlis: The Symbol of Life. Nicosia, 1998

Treutwein, Karl: Sagen aus Mainfranken. Würzburg, 1969

Veckenstedt, Edm.: Wendische Sagen, Märchen und Gebräuche. Graz, 1880

Vernaleken, Theodor: Alpensagen; Volksüberlieferungen aus der Schweiz, dem Vorarlberg, Kärnten, der Steiermark, Salzburg, Ober- und Niederösterreich. Wien, 1858

Vonbun, F.J. & Beitl, R.: Die Sagen Vorarlbergs. Feldkirch, 1950 (Nachdruck Bregenz, 1980)

Quellen aus dem Internet:

Bellingham, Grant & Whittaker: Myths And Legends.

Briggs, Katharine M.: A Dictionary of British Folktales.

Chek, Chia Hearn: The Dragon of Kinabalu.

Cooper, J.C.: Dictionary of Symbolic & Mythological Animals.

Cotterell, Arthur (Hrsg.): World Mythology.

Gray, John: Near Eastern Mythology.

Leach, Maria (Hrsg.): The Standard Dictionary of Folklore, Mythology, and Legend.

Simpson, Jacqueline: The Folklore Of Sussex.

Simpson, Jacqueline: British Dragons.

St'ovicek, Vratislav (Übers.): Around The World Fairy Tales.

Warner, Rex (Vorw.): Encyclopedia of World Mythology.

Alrunia Mysterienschule
Anerkanntes Ausbildungsinstitut
des Dachverbandes Geistiges Heilen e.V.
Iris Rinkenbach & Bran O. Hodapp
Weißenbach 30, D –77797 Ohlsbach
e-mail: mysterienschule@alrunia.de
http://alrunia.de

Wir unterrichten:
Geistiges Heilen, Pendelpraxis, Numerologie, Kabbalah, Runen,
Sensible Wahrnehmung, Magie und Mysterienwissen

Jeanne Ruland & Iris Merlino
Die lichte Kraft der Engel
Set aus Buch
und 56 farbigen Karten
Buch: 288 S., Paperback
Karten: 70 x 110 mm
€ 30,60 [D]/sFr 53,–
ISBN 3-89767-071-2

Die inspirierende Kraft der Engel macht das Leben von uns Menschen lebendiger, klarer und glücklicher. Über die 56 Karten mit ihren Erläuterungen und Ritualen sowie den Legemethoden gelingt es, ihre gewaltig wirkenden göttlichen Kräfte in unser Leben einzubinden und dadurch Schutz, Erleuchtung und tiefe Einsichten zu erleben.

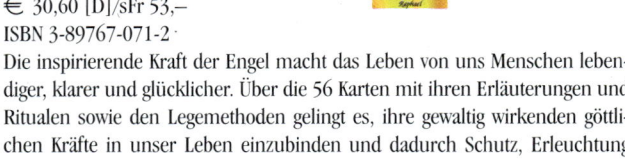

Jeanne Ruland & Iris Merlino
Im Reich der Naturgeister
Set aus Buch
und 56 farbigen Karten
Buch: 304 S., Paperback
Karten: 70 x 110 mm
€ 30,60 [D]/sFr 53,–
ISBN 3-89767-076-3

Hier vorgestellt werden 56 Natur- und Elementarwesen, ihre unterschiedlichen Wirkungsbereiche, ihre Stärke, Aufgaben und Weisheit, die sie dem Menschen bringen können. Durch spielerische Variationen lassen sich erfrischende, erheiternde, nützliche Inspirationen für den Alltag erfahren, die uns zurück zu unserem Ursprung führen und zu den noch unbekannten in uns schlummernden Schätzen.

Amy Sophia Marashinsky & Hrana Janto
GÖTTINNEN-Geflüster
Mit Orakel und Ritualen
zur eigenen Kraft
Set aus Buch und 52 farbigen Karten
Buch: 304 S., Paperback
Karten: 95 x 113 mm
€ 30,60 [D]/sFr 53,–
ISBN 3-930944-89-8

Tauchen Sie ein in die Welt der Großen Göttin, von deren Erscheinungsformen Sie hier 52 vorgestellt finden – jede mit Bild, Anrufung, Geschichte, Deutung und Ritual sowie einprägsamen Legemethoden.